CINEMA E SUBJETIVAÇÃO

uma análise sensível de percepção e emoção

CINEMA E SUBJETIVAÇÃO

uma análise sensível de percepção e emoção

Valdemar Augusto Angerami

Artesã

Cinema e subjetivação: uma análise sensível de percepção e emoção
1ª edição

COORDENAÇÃO EDITORIAL
Karol Oliveira

DIREÇÃO DE ARTE
Tiago Rabello

REVISÃO
Cristhiane Maurício

CAPA
Karol Oliveira

IMAGEM DE CAPA
Evandro Angerami

FOTOGRAFIA ORELHA
Paula Linhares Angerami

PROJETO GRÁFICO E DIAGRAMAÇÃO
Conrado Esteves

A587 Angerami, Valdemar Augusto, 1950-.
Cinema e subjetivação : uma análise sensível de percepção e emoção / Valdemar Augusto Angerami . – Belo Horizonte : Ed. Artesã, 2017.
232 p. ; 23 cm.

ISBN: 978-85-88009-78-3

1. Psicologia. 2. Psiquiatria. 3. Cinema. 4. Psicologia clínica da saúde. I. Título.

CDU 159.9:791

Catalogação: Aline M. Sima CRB-6/2645

IMPRESSO NO BRASIL
Printed in Brazil

ARTESÃ EDITORA LTDA.
Site: www.artesaeditora.com.br
E-mail: contato@artesaeditora.com.br
Belo Horizonte/MG

Para Paulinha,
Minha menina cinéfila.

Todos responderão que gostam de cinema.
E essa é a diferença: o cinéfilo vive o cinema.

AGRADECIMENTOS

O caminho é feito pelas rodas das carroças...
As pessoas transitam na vida, uma nas outras...
(Sabedoria cigana)

É preciso agradecer a tudo e a todos sempre. Toda vez que ouço uma peça musical que, além de maravilhosa, é bastante complexa em sua estruturação, seja Debussy, Mozart, Rachmaninoff, minha Santíssima Trindade Musical, ou qualquer outro dos grandes compositores, me vem um sentimento de muita gratidão à Mainha. Mulher negra, nordestina e cigana, ela fez com que os filhos estudassem por acreditar que isso nos tornaria pessoas mais dignas e comprometidas com a realidade humana. E também se empenhou para que estudássemos música, pois dizia que a música era a coisa mais importante para a alma. E assim segui, e se hoje tenho um conhecimento das variáveis técnicas que envolvem a complexidade de uma peça musical, devo isso a ela. Hoje tenho a união sensitiva com a especificidade técnica, e a minha gratidão a ela por isso é eterna.

Ao meu pai, homem que não tinha formação acadêmica, e igualmente, mesmo sem ter a intencionalidade, deu-me uma formação de literatura da mais alta erudição. Ele assinava uma publicação chamada *Clube do Livro*, e mensalmente recebíamos em nossa casa o seu exemplar mensal. Dessa maneira, após ler a coleção completa de Monteiro Lobato, Malba Than, que também me havia sido disponibilizado por ele, comecei a ter acesso à obra de Dostoievsky, Tolstoi, George Sand, entre outros. Ou seja, ainda na pré-adolescência já tinha em mãos as coisas mais grandiosas da literatura mundial. E a partir daí, o prazer da leitura ganhou contornos definitivos em minha vida. Pois, por mais atarefado que esteja, e mesmo envolto em leituras acadêmicas ou em meio aos escritos que muito me absorvem, sempre estou lendo algum romance.

No momento, decidi reler a obra de Dostoievsky, ou seja, releio agora em plena maturidade livros que li ainda na adolescência. E também era meu pai a nos levar nas sessões matinais para assistirmos aos desenhos animados que tanto nos encantava a alma.

Se for verdade, como insistem os espiritualistas, que ao morrer vamos para outra dimensão, enfim, em qualquer outro lugar em que estejam meus pais, recebam minha gratidão por esses detalhes que me fizeram, ao menos, alguém em busca constante nesse aprimoramento incessante de conhecimento.

Agradeço ainda a minha menina cinéfila, minha filha Paula Linhares Angerami, parceira principal no universo mágico do cinema. Isso desde os tempos em que ainda era criança e percorríamos a programação de seus filmes preferidos. Hoje ela partilha da nossa cinemateca com esmero e paixão. É, sem dúvida, uma das críticas mais severas dos meus textos antes de sua finalização. Também, desde algum tempo, minha fotógrafa das fotos que ilustram nossos livros. Ao meu filho Evandro Angerami, pela delicadeza da cessão da imagem da capa.

A Sueli Guerreiro, sempre disponível na leitura apriorística dos textos, com pontuações sempre muito carinhosas. E por um carinho tão precioso e amado. A Kércia Oliveira, por seus contrapontos sempre valiosos aos meus escritos. Assim também a Enrique Marti, por opiniões sempre significativas. E a Julio Marti, amigo querido, por suas opiniões sempre balizadas. Também um mimo a Daisy, a minha Marguerite, por sua presença tão doce em minha vida nos momentos desses escritos.

Ao mestre Alcebino, pela confiança e arrojo nesse projeto de publicação de livros que insistem na ousadia de suas temáticas. A Karol Oliveira, de início apenas a coordenadora editorial, e hoje companheira desses empreendimentos, e sem perder a eficácia e determinação profissional.

E um agradecimento especial a você, leitor, pessoa sempre querida para quem esse livro foi pensado e escrito.

SUMÁRIO

APRESENTAÇÃO

A lua te mostra a borboleta ainda no casulo...
(Sabedoria cigana)

De início, como quase sempre acontece quando escrevo, estava ouvindo Debussy, em alternância com Mozart e Rachmaninoff, como citei anteriormente, minha Santíssima Trindade Musical. E também, como na quase totalidade das vezes, acompanhado do vinho companheiro, e queijo estepe embebido em molho de azeite e ervas. E me ocorreu que seria mais pertinente mudar minha trilha musical para a escrita deste livro. Afinal, trata-se de um livro sobre cinema, e uma das partes mais fascinantes da minha vida é a paixão pela música clássica, seguida pela cinefilia. Sem dúvida, muitos autores clássicos tiveram suas músicas utilizadas como trilha sonora em diversos filmes, além daqueles que compuseram especialmente para o cinema. Principalmente Nino Rota, Ennio Morricone, Stravinsky e John Willians podem ser citados como exemplos de autores que transitam magistralmente entre a música clássica e a composição de trilhas sonoras magníficas e memoráveis. No momento, estou alternando Ennio Morricone e Nino Rota. De modo mágico, é como se, ao ouvir essas músicas, a alma se transportasse para as cenas maravilhosas dos filmes que elas emolduram.

E me alterno, então, entre Nino Rota e Ennio Morricone. E o CD que ouço nesse momento é uma das coisas mais estupendas da música de cinema. Trata-se de uma gravação da Roma Sinfonietta Orchestra conduzida pelo próprio Ennio Morricone, e tendo como solista Yo-Yo Ma, um dos maiores violoncelistas da atualidade. As peças que compõem esse disco são uma verdadeira elegia a alguns dos diretores com os quais Morricone trabalhou. Assim, temos uma faixa que se intitula Giuseppe Tornatore Suíte; outra Sergio Leone Suíte; temos ainda a Brian de Palma Suíte. Ou seja, ele colocou nessas suítes temas que consagraram os principais filmes desses diretores.

Particularmente, considero que a maior parceria entre música e direção em toda a história do cinema deu-se entre Ennio Morricone e Giuseppe Tornatore, mas é inegável que ouvir a música de Morricone nos filmes de outros diretores é igualmente fascinante e maravilhoso. Vamos falar com mais detalhes nos capítulos posteriores desses gênios da música, que se associaram com suas composições ao esplendor do cinema. Certamente, detalhes desses requintes serão prazerosos para serem partilhados.

Um livro sobre cinema chega às mãos dos meus companheiros leitores. Parceiros de vida que compartilham momentos preciosos de suas vidas, debruçando-se sobre nossos escritos. É muito bom poder enveredar em escritos sobre cinema, pois, embora sempre estejam presentes até nos trabalhos que efetivamos na área da saúde, uma nova senda abre-se em minhas possibilidades de relacionamento autoral com meus leitores.

Este é o meu primeiro livro exclusivo sobre cinema. Muito embora já tenha me utilizado de citações cinéfilas nos livros de saúde e psicoterapia, este é o primeiro exclusivo a abordar o cinema em seus diversos desdobramentos. E certamente um carinho a todos que o tem em mãos. Uma doce carícia a tocar a alma de cada leitor com a suavidade dos craveiros na madrugada. Cada letra, palavra, parágrafo e linha deste livro foram efetivados com a intenção de mostrar a magnitude do cinema em nossas vidas. E certamente será um detalhe a mostrar aspectos presentes em nossa subjetivação. Este livro é seu, companheiro leitor. Tenha o mesmo prazer em sua leitura que a projeção cinematográfica nos propicia.

Serra da Cantareira, numa manhã chuvosa de outono.

Capítulo 1

VIDA E CINEMA. ENFIM...

A magia maior do universo é tua vida...
E a Lua contemplativa no firmamento...
(Sabedoria cigana)

Noite quente de verão de 2017. Estrelada e com o luamento trazendo um requinte onírico para a noite paulistana. Caminhar pela Rua Augusta depois de uma sessão cinematográfica e sorver essa magia em todo o seu esplendor. Esse um dos grandes prazeres que me encanta a alma e me faz apaixonado pela vida e por São Paulo. É um trecho em São Paulo formando um quadrilátero com a Av. Paulista e que concentra os cinemas mais charmosos dessa vida. É o chamado Circuito de Arte. Um *setting* aéreo com as câmeras em plano aberto e teríamos a visão exata da pulsação desse canto, com esses cinemas tão encantadores. Seria como uma floresta com prédios espetaculares e imponentes com os cinemas sobressaindo como se fossem ipês roxos no inverno, com o esplendor de sua florada em destaque em meio ao verde da mata densa.

Observar as pessoas nas calçadas dos bares e transitando pelas ruas faz pulsar o coração em uma grande vibração de harmonia com a própria vida. No entorno dos cinemas de rua a convivência entre as pessoas ocorre de modo único. E verdadeiramente tudo que envolve a preservação dos cinemas de rua contempla essa vida que pulsa ao redor.

Em minha residência, temos uma sala de projeção com uma ampla tela de exibição e sonorização que contempla os diversos cantos do ambiente. Assistimos aos filmes com todo o conforto dessa vida, inclusive sorvendo nosso vinho companheiro. Mas, ainda assim, não se pode comparar a aura de se ir a um cinema por essa partilha de vida com tantas pessoas que também estão em busca de uma emoção que une a todos de modo único.

Certamente frequentar os cinemas de rua é mais do que um ato de apreciação de um bom filme. É viver uma das coisas mais intensas e fascinantes dessa vida, que é a pulsão da emoção partilhada com outros tantos sonhadores.

Este livro tenta descrever essa magia e mostrar que assistir a um filme pode nos afetar muito além da projeção em si. Algo que nos direciona para outros tentáculos da vida e até mesmo dos sonhos. Participar de uma *mostra de cinema* sempre vai muito além da programação dos filmes a serem exibidos. Muitas vezes é a possibilidade de contato próximo e direto com diretores, atores e demais pessoas envolvidas em uma produção cinematográfica. Por exemplo, a emoção de ver pessoalmente o Mestre Manoel de Oliveira, recentemente falecido com 106 anos de idade e que foi o único diretor que filmou desde o cinema mudo até a era digital. E também ver uma entrevista com a lendária atriz Claudia Cardinale depois da exibição de um filme do qual participou. Detalhes que fazem uma vida mais intensa, e que certamente nos remete a novos patamares de crescimento e desenvolvimento humano.

Este livro não pretende ser uma pesquisa conclusiva, ou sequer parcial sobre cinema. Ao contrário, trata-se apenas de compartilhar minha paixão cinéfila no âmbito das publicações em livros. Nos livros de saúde, em que sou o autor mais pesquisado e citado, apesar de sempre pontuar meu distanciamento das pesquisas e do academicismo, não será nessa partilha de sonhos que me envolverei na seara das pesquisas. Embora me mantenha distante do universo das pesquisas acadêmicas, e apesar de fazer parte das lides acadêmicas, sem dúvida, sempre é prazeroso constatar que os nossos trabalhos ganharam dimensão além dos nossos horizontes familiares.

Nessa determinação de ser apenas uma partilha da minha paixão cinéfila, não houve preocupação na inclusão de todas as tendências de direção, projeção, roteiro e demais quesitos presentes em uma produção cinematográfica. O meu foco foi enfeixar reflexões sobre subjetivação a partir do trabalho de alguns dos meus diretores preferidos. E igualmente dos compositores que emprestaram magia a muito dos nossos filmes tão adorados.

Simples assim, pois se nem mesmo os meus livros sobre psicoterapia, psicologia hospitalar, psicossomática, câncer e saúde, e insisto nesse ponto até a exaustão, apresentam preocupação com rigor acadêmico, não será esse trabalho de sonho e paixão que se curvará a tais exigências.

Livro que é um sonho ganhando contornos de realidade. Um toque de azul em nossas vidas a levar a magia do cinema a um punhado de sonhadores. Mais um pouco da tríade da minha alma – música, cinema e psicologia –, partilhada com pessoas que seguem nossos escritos de maneira tão peculiar.

A paixão pelo cinema em toda sua abrangência em minha historicidade está vincada de modo indelével. Cinema com toda sua magia, emoção e encantamento. E uma de suas coisas mais fascinantes, a maneira como cada filme afeta nossas vidas, será percorrida na tentativa de compreensão de sua efetivação de nossa subjetivação.

Livro escrito por minhas mãos em lampejos de emoção da minha alma, mas certamente com a contribuição das tantas pessoas que partilharam sessões cinematográficas, e o maravilhoso entorno dos nossos cinemas. Ele fala da realidade da cidade de São Paulo, mas certamente essa pode ser transposta para outras capitais e cidades de grande e médio porte brasileiras.

E como a emoção que se inicia quando as luzes se apagam e tem início o filme, esse livro será um toque de carícia a todos que queiram enveredar por mais uma das tantas facetas que a magia do cinema nos propicia, ou seja, discutir e falar da vida que pulsa no cinema.

Uma matinê perdida na memória. A sessão noturna junto com pessoas queridas. As sessões de algumas salas em São Paulo denominadas de corujão, e que atravessam a madrugada, e pela manhã os espectadores saboreiam um delicioso café da manhã oferecido pelos exibidores.

A vida que transborda na emoção de uma projeção cinematográfica estará nessas linhas. E certamente será uma partilha companheira. Uma emoção fragmentada em detalhamentos que nos fazem pulsar emoção em meio a tantos desatinos enfrentados ao longo do caminho.

Vamos passear livremente por um harmonioso passeio onírico em que a vida seguirá como uma trama cinematográfica com nuanças e desdobramentos de encantamento.

Capítulo 2

PALAVRAS INICIAIS

Se descreves o mundo tal como é, não haverá em tuas palavras senão muitas mentiras, e nenhuma verdade...

(Tolstoi)

De há muito escrevo livros e textos para as áreas da psicologia, psicoterapia e áreas da saúde em geral. E também de há muito passei a utilizar referências de filmes em meus escritos. Os filmes em princípio apenas embasavam conceitos e discussões teóricas e filosóficas. Posteriormente, passaram a fazer parte indissolúvel dos meus textos, uma vez que eram esperados e cobrados por meus leitores. Tudo se iniciou no capítulo *A Arte da Psicoterapia*,[1] em que fiz um contraponto de sessões de psicoterapia com o estupendo *E La Nave Va*,[2] de Frederico Fellini. Sequencialmente, vieram outros trabalhos e os filmes passaram a fazer parte de modo indissolúvel desses escritos.[3] Como a minha preocupação maior sempre foi a de mostrar o filme além do enredo, dando ênfase aos detalhes que compõem uma produção cinematográfica, esses escritos acabaram se tornando referências para pessoas que buscavam outros detalhamentos presentes em um determinado filme.

Dessa maneira, e de modo totalmente surpreendente, vi esses textos se tornarem referências para além dos limites da área da saúde, que afinal era o contexto para o qual eram direcionados. Entre surpresa e incredulidade, vi meus textos sendo apreciados e discutidos por pessoas ligadas à área do cinema. Mais do que algo intrigante e instigante,

[1] ANGERAMI, V. A. *A arte da psicoterapia*. In: ANGERAMI, V. A. (Org.). *As várias faces da psicologia fenomenológico-existencial*. São Paulo: Thonson Learning, 2005.

[2] FELLINI, F. *E La Nave Va*. São Paulo, DVD Versátil, 2004.

[3] ANGERAMI, V. A. *As relações de amor em psicoterapia*. Belo Horizonte: Artesã, 2017; ANGERAMI, V. A. A compreensão da saúde por intermédio de filmes. In: ANGERAMI, V. A. (Org.). *Psicologia da saúde*. São Paulo: Cengage Learning, 2014; ANGERAMI, V. A. Refletindo o câncer por intermédio de filmes. In: ANGERAMI, V. A.; GASPAR, K.C. (Org.). *O câncer diante da psicologia*. Uma visão interdisciplinar. São Paulo: Pearson Learning, 2016.

vi-me debruçado sobre aspectos que envolviam a área da saúde e suas confluências com a produção cinematográfica.

No entanto, em razão de minha área de predominância ser a saúde, não me via impelido a escrever sobre cinema, tampouco sobre música, área na qual atuei durante grande parte de minha vida. De maneira totalmente espontânea e sem qualquer sistematização, fui cobrado pelas mais variadas pessoas e nos mais diferentes contextos sobre a importância de se escrever um livro que abordasse cinema, mas que fosse algo semelhante ao exibido nos textos de saúde. Ou seja, algo diferente no sentido de trazer peculiaridades muitas vezes despercebidas pela maioria dos espectadores. E que apresentasse principalmente o olhar sobre a arte cinematográfica, de maneira a enfeixá-la em outras manifestações artísticas, e assim contribuísse com novas possibilidades de compreensão da condição humana.

De início me vi resistente à ideia de um livro que saísse da seara da saúde, principalmente por ser um desafio em que me lanço sem qualquer rede de proteção. Afinal, na área da saúde, depois de tantas publicações, sou autor com o maior número de livros publicados em psicologia no Brasil, e adotados nas universidades brasileiras, nas do Canadá, de Portugal e Espanha.

Diante de várias afirmações e citações a respeito do tanto que os nossos escritos mudaram a percepção de tantos leitores sobre determinados filmes, e até mesmo sobre a maneira de se apreciar uma obra cinematográfica a partir da apreensão perceptiva, eis o desafio sendo lançado em forma de livro. Um voo rumo a novos horizontes na plenitude de um céu azul de uma manhã de outono. É dizer que uma preocupação que sempre tive em outros livros, a de escrever algo que apresentasse contribuições significativas em seu bojo, fica claramente delineada neste livro. Seja pelo fato de este trabalho apresentar o enfeixamento de conhecimentos específicos sobre cinema e sua junção com aspectos da condição humana propiciados pelos nossos escritos em psicologia e psicoterapia, seja ainda pela maneira ousada com que sempre lançamos ideias para reflexão e sistematização teórica.

Este trabalho, assim como outros anteriores, não teve qualquer preocupação em seguir modelos estanques de textos acadêmicos. Seja em suas fórmulas esgarçadas em pesquisas tabuladas irracionalmente, ou mesmo do engessamento que determina formatos uniformes de escrita e reflexão. É um trabalho livre sem qualquer amarra conceitual, nem tampouco a rigidez dos escritos do determinismo imposto pelo cientificismo moderno. A escolha por determinados diretores de cinema em detrimento de outros foi mera questão pessoal, e não significa depreciação aos que eventualmente não foram incluídos neste trabalho.

Fizemos uma reflexão sobre determinantes da modernidade, como o imediatismo e o consumismo contemporâneo, e sua penetração nas produções cinematográficas. E também como o capitalismo, em suas configurações mais selvagens, apoderou-se do cinema e de todos os seus tentáculos.

Igualmente não houve qualquer intenção de se estabelecer confronto com conceitos e padrões vigentes que abordam uma obra cinematográfica e sua confluência com a condição humana em seus aspectos psíquicos. E isso apesar da consciência de que a divergência por si estabelece confrontos, e muitas vezes acirramentos que transcendem os aspectos meramente teóricos, podendo até desembocar para atritos interpessoais. Certamente tais fatos não serão privilégios apenas nosso, ao contrário, todo aquele que publica suas ideias se expõe de alguma maneira a toda sorte de crítica e até mesmo de incompreensão de seu trabalho.

Tais fatores jamais foram impeditivos para a publicação de nossos trabalhos, pois, se é verdadeiro esse aspecto das críticas, é igualmente verdadeiro o sem-número de pessoas que se beneficiam com os nossos trabalhos e até mesmo o tanto de pessoas que seguem nossas ideias, a partir da difusão propiciada por nossas publicações. Tal como a magia do cinema, buscamos a idealização de um sonho em nossos escritos.

Escrevemos tentando colocar nossos sonhos em palavras. Propagar a fé inquebrantável de que os nossos escritos podem se transformar em instrumentos a contribuir para a construção de uma sociedade mais justa e fraterna. Falamos de cinema como um adolescente que busca a namorada na porta do colégio e lhe promete amor eterno sem qualquer titubeio em sua promessa. Assim também temos uma pulsão juvenil que não conhece barreiras em suas buscas nem tampouco possíveis dificuldades que possam trazer obnubilação à nossa consciência rumo a novos patamares de dignidade humana. Assim como a primeira Lua depois da Lua de março traz a páscoa com sua esperança de renovação e de um mundo melhor, e as floradas da paineira, das quaresmeiras e das cássias aleluias, estes escritos serão um toque de carícia em todos que sobre ele se debruçarem em busca de informação, ou simplesmente de entretenimento.

Capítulo 3

O CINEMA DESDE A MINHA INFÂNCIA ATÉ OS DIAS DE HOJE

Cinema! Doces reminiscências
Das maravilhosas matinês dominicais
Da meninada torcendo fervorosamente pelos mocinhos
Do primeiro beijo
De como a vida passava pelas matinês
De uma magia que desde sempre me arrebatou
E certamente até os meus últimos dias
(Valdemar Augusto Angerami)[4]

[4] Refletindo o câncer por intermédio de filmes, *op. cit*.

Em busca de momentos da infância

Na minha infância, nos anos 50 do século passado, não tínhamos televisão em nossa casa. À noite, antes de dormirmos, minha mãe reunia a mim e a meus irmãos e nos contava histórias infantis para que adormecêssemos. Sonhava com tais histórias, e mesmo hoje, passados tantos anos, ainda me lembro de algumas delas com emoção e saudades desses momentos. Outro detalhe também bastante interessante era que os vizinhos se visitavam, e sempre eram bem-vindos uns nas casas dos outros. Todos trocavam vivências e se tinha a convivência de maneira prazerosa.

Na sequência meu pai comprou uma televisão, algo que não era acessível à maioria das pessoas, sendo que algo muito comum na época era o fato de vizinhos se dirigirem às casas de outros vizinhos para assistirem televisão. Com a chegada da televisão, acabaram-se as histórias, e passamos, então, a gravitar em torno da programação televisiva, que, na ocasião, dispunha de apenas dois canais para entretenimento dos telespectadores. Diante da telinha mágica, acabaram-se as conversas, pois não se podia falar para não atrapalhar os que desejavam assistir ao programa exibido.

Calamos e tornamo-nos reféns da programação televisa, e como tantos outros jovens de outras gerações, passamos a ter nossas vivências determinadas a partir dessa programação. Felizmente, por não gostar da programação televisiva, procurava livros infantis que produziam histórias que igualmente me fascinavam. Assim, deparei-me inicialmente com a obra de Monteiro Lobato e com inúmeros livros de contos de fadas, pelos quais era absolutamente fascinado. Ainda guardo tais livros, e seguramente vejo hoje que eram um bálsamo a cuidar dos momentos de intempéries que a infância me apresentava. Era o mundo mágico do *faz de conta*, que me levava para outros cantos, e dessa maneira me possibilitava enfrentar a realidade com mais vigor e doçura.

Naquele tempo, o telefone igualmente era algo que poucas pessoas tinham. Também era muito comum os vizinhos se dirigirem a casa de quem possuía telefone. Ou seja, os vínculos fortaleciam-se de diversas formas, seja no momento de se ir telefonar, seja ainda na própria proximidade que os relacionamentos interpessoais apresentavam na ocasião.

Falar da dificuldade de se ter televisão e telefone na atualidade soa como algo inatingível para as atuais gerações, que possuem tanto inúmeros telefones como inúmeros aparelhos de televisão. É muito difícil para a atual geração compreender o significado de se ter uma linha telefônica em casa. Hoje em dia praticamente inexistem os chamados telefones fixos nas residências. Hoje todos possuem seus celulares, *iphones*, etc., de tal modo que se perdeu totalmente o interesse pelos aparelhos fixos. Quando se narra que os telefones fixos no passado possuíam valor de grande monte, sendo, inclusive, itens constantes da declaração de imposto de renda das pessoas, praticamente ninguém acredita. Contar que um telefone fixo, dependendo da região da cidade, possuía o valor de um automóvel, terreno, etc. é algo totalmente insano para a nova geração. E isso sem dizer que os pacotes de assinaturas de TV apresentam em média a possibilidade de acesso a mais de cem canais. Hoje temos ainda a realidade de as casas, em grande maioria, terem diversos aparelhos de TV, em diferentes ambientes. Ou seja, até mesmo os membros de uma mesma família estão isolados no momento do entretenimento televisivo, com cada qual assistindo a sua TV em seu ambiente privativo. Muitas vezes assistindo isoladamente ao mesmo programa dos demais membros da família.

Foi justamente o avanço da TV, principalmente na década dos anos 60 no século passado, que provocou uma mudança drástica no hábito das pessoas em frequentar cinemas. O conforto de se assistir a um filme em casa, ainda que não se tenha a qualidade e o glamour de uma sala de exibição cinematográfica, determinou uma nova configuração na relação das pessoas com o hábito de se ir ao cinema. Tanto que os cinemas da época, com capacidade para três mil pessoas, inexistem na atualidade. As salas hoje comportam quantidades bem inferiores. Em espaços similares onde antes havia apenas uma sala com a capacidade acima citada, hoje iremos encontrar quatro, cinco ou mais salas de exibição. Na atualidade temos ainda o advento de se assistir filmes pela internet, inclusive com o avanço da produção de filmes específicos para esse tipo de recurso.

Tínhamos, de outra parte, também preservados os espaços públicos de ruas e clubes de bairro em que podíamos brincar e interagir com outras crianças, sem perda da qualidade das relações interpessoais. As mudanças ocorreram de maneira paulatina. O que vemos hoje é a total desfiguração dos espaços em que as pessoas podiam ter troca de relações interpessoais sem o risco tão grande e eminente de situações permeada pela violência urbana, tal qual ocorre na atualidade. Ia-se para a escola e para outras atividades sempre a pé, pois não havia o recurso de peruas escolares, e isso também era algo que nos aproximava de outros colegas; as nossas atividades eram sempre vivenciais, até porque a realidade virtual era algo tão distante de nossa percepção como uma aventura espacial.

Isso foi se perdendo até chegarmos aos dias de hoje, em que quase nada mais se faz em termos vivenciais com a realidade virtual sendo a predominância de diversas formas de relacionamento interpessoal. Diante da magnitude dos jogos eletrônicos, em que a realidade é transposta para a tela virtual de maneira praticamente real, os jogos de infância de outras gerações são praticamente coisas descabidas de sentido e razão. Batíamos figurinha, jogávamos botão, taco, futebol e outras tantas coisas que implicavam a presença do outro. Falar desses jogos para as crianças de hoje que possuem acesso a jogos eletrônicos tão fascinantes é simplesmente falar algo que sequer pode ser apreendido por elas.

Na atualidade, temos a realidade de que a maioria dos jogos prescinde da presença do outro, e quando o outro se faz necessário, até mesmo sua presença pode ocorrer em níveis virtuais, sem a necessidade de contato presencial. Nesse sentido, uma das coisas que mais me estarrecem nesse quesito é saber que muitas festas infantis de aniversários ocorrem em ambientes em que as crianças interagem umas com as outras a partir de jogos eletrônicos. Ou seja, até mesmo as festas que eram espaços de brincadeiras acabaram se tornando espaços virtuais.

Quando nos deparamos com notícias de que os adolescentes de hoje possuem obesidade em níveis preocupantes, com índices acentuados inclusive de hipertensão, temos apenas a consequência desse sedentarismo imposto por tais práticas. Temos ainda o imediatismo determinando formas específicas de relacionamentos interpessoais, em que a simples locomoção até a casa do outro é considerada perda de tempo. Acessamos ao computador e, em frações de segundos, estamos diante do outro, seja para participarmos de algum joguinho eletrônico, seja simplesmente para *conversarmos* e nos atualizarmos sobre suas novidades. Tudo, absolutamente tudo, torna-se virtual. Os nossos sonhos e realizações humanas correm o risco de praticamente sucumbirem diante da virtualidade que se nos é imposta das mais diferentes maneiras. Sobre isso iremos refletir ao longo deste trabalho. Frise-se que não se trata de mero saudosismo, e sim de uma reflexão de como as coisas transformaram-se inicialmente em termos socioculturais para se expandirem em nossa subjetivação.

Os cinemas de bairros

Na minha infância, o cinema era igualmente algo que aglutinava as pessoas de modo ímpar. Muitas vezes era um dos pontos de entretenimento de toda a comunidade de um determinado bairro. Ia-se às matines de domingo não apenas para se assistir a uma projeção cinematográfica, mas principalmente para se viver momentos de intensa magia e arrebatamento. Gritava-se com toda a intensidade diante de cenas de emoção e tinha-se a plateia praticamente como coadjuvante dos filmes exibidos. A algazarra da plateia era algo tão mágico que tenho presente em minha memória de modo vivo em que pese o número de anos que nos separa dessa vivência. O cinema era o ponto de encontro onde a vida pulsava com emoção e vigor. Muitas dessas pessoas deram seu primeiro beijo durante a sessão cinematográfica; muitos amigos dependiam das sessões da matinê para se encontrarem. E até mesmo as referências de encontros e devaneios eram balizados a partir do cinema. Quando faço referências a minha vida e principalmente a minha infância, as sessões de matinê do cinema da minha rua são destaques, que me remetem ao universo mágico da cinematografia em toda a sua dimensão e esplendor.

Outro detalhe desses tempos de infância e que hoje soa como praticamente absurdo era a sessão matinal dos domingos no Cine Metro na região da Cinelândia, no centro de São Paulo. Lá eram exibidos desenhos infantis. Então, como que em um ritual de folguedos da infância, éramos levados por meu pai para assistirmos desenhos do Pica Pau, do Michey, etc. Se considerarmos que as atuais gerações possuem nas TVs por assinatura canais que passam desenhos infantis 24 horas ininterruptamente, tal fato soa quase como algo totalmente inverossímil. O Cine Metro é outro detalhe muito desolador da decadência dos cinemas de bairros e dos centros das grandes cidades. Assim como muitas outras salas de exibição hoje, em suas dependências abriga-se uma igreja evangélica. Sinais de mudanças irreversíveis em nosso panorama de cultura. Ou seja, centros de exibição cultural dando lugar a templos religiosos de reputação no mínimo duvidosa. Ademais, o poder econômico dessas igrejas simplesmente não deixa qualquer vestígio a lembrar que nesses locais, num passado distante, situavam-se salas de exibição cinematográfica, que levavam a um sem-número de pessoas algo mágico e que hoje se encontra guardado apenas e tão somente na memória dos que por lá transitaram.

Cinema Paradiso,[5] de Giuseppe Tornatore, com a música maravilhosa de Ennio Morricone, é seguramente um dos maiores filmes de todos os tempos. Também figura entre os preferidos e até mesmo como o filme da vida de um sem-número de admiradores. Podemos afirmar, entretanto, e sem margem de erro, que tal predileção se deve ao fato de ser um filme autobiográfico de Tornatore, em que são retratadas, em uma pequena cidade do interior da Itália, situações em que tudo se passava nas sessões de cinema do Cine Paradiso. Desde as matines até as sessões noturnas, toda a trama do filme desenrola-se a partir da vivência de seus protagonistas durante as sessões de Cine Paradiso. Temos, então, uma situação meramente projetiva, em que nos vemos representados em nossas próprias vivencias com o que é exibido por Tornatore. Situações apresentadas que se assemelham com o que inúmeras gerações viveram nas antigas matinês de cinema. Até mesmo detalhes da molecada local em busca dos primeiros sinais de sexualidade, a trivialidade dos *westerns*, enfim, o que assistimos em *Cinema Paradiso*[6] é praticamente ao desenrolar de vivências de inúmeras gerações que tinham no cinema a razão de suas vidas. Quando se fala

[5] TORNATORE, G. *Cinema Paradiso*. São Paulo: DVD Versátil, 2006.

[6] *Ibidem*, *op. cit.*

que foi um filme marcante na vida de alguém, percebemos se tratar de alguém que se viu projetado nas vivências do filme.

Em minha infância, no bairro do Ipiranga, na cidade de São Paulo, havia 06 salas de projeção, e tal fenômeno era algo comum em outros bairros da cidade nesse período. Os cinemas de bairros, tal qual aconteceu com o próprio Cine Paradiso, um a um foram sendo fechados por não resistirem aos modernos aparatos de entretenimento, principalmente o televisivo. Some-se a isso o receio das pessoas com a violência urbana, que se tornou um dos piores espectros das grandes cidades. Temos, então, a combinação perfeita para o retraimento das pessoas em suas casas e o consequente fechamento desses cinemas.

A Cinelândia

No centro da cidade de São Paulo, tínhamos um conjunto de cinemas que compunham a chamada Cinelândia,[7] um lugar de *glamour* e requinte frequentado em ocasiões especiais, como o lançamento de alguma grande obra, ou então em situações em que se decidia assistir a um filme de maneira mais solene. Os cinemas da antiga Cinelândia ou se tornaram templos de igrejas evangélicas, ou locais em que são exibidos filmes pornográficos. Existe um movimento bastante significativo da sociedade civil organizada para revitalizar o centro de São Paulo. Hoje o Cine Olido, um dos remanescentes da chamada Cinelândia, foi totalmente restaurado e faz parte de um especo cultural denominado Espaço Cultural Olido. Lá, além da sala projetiva, também existem espaços de dança e outras formas de entretenimento e atividades culturais. O grande problema continua sendo o entorno, pois, se de um lado houve uma revitalização esplendorosa do espaço físico, o entorno ainda mostra a decadência e degradação dos centros das grandes cidades brasileiras. Prostituição, mendicância, drogas e outras tantas ocorrências que praticamente afastam o público potencial desse espaço.

7 O SESC Pompéia, no ano 2003, apresentou uma mostra de cinema exibindo filmes cujas temáticas mostravam o próprio universo do cinema. Nessa ocasião, foi construída uma maquete que reproduzia esse conjunto de cinemas do centro de São Paulo, denominado de Cinelândia.

Restaram poucos cinemas em São Paulo em que o espaço público de seu entorno é preservado e serve como um fomentador cultural, tanto de entretenimento, como de união entre as pessoas.

Os cinemas dos *shoppings centers*

Hoje temos uma grande quantidade de cinemas em ambientes de *shoppings centers*. Sem dúvida que os cinemas situados nesses ambientes, a seu modo, contribuem com a preservação do hábito de se ir ao cinema. Isso embora, na quase maioria das vezes, sejam salas de projeção pertencentes a grandes grupos distribuidores, que impõem filmes estadunidenses em sua programação. Dessa forma, nesses cinemas é muito difícil se assistir a filmes de qualidade que não sejam estadunidenses. Houve até tentativa governamental de tentar impedir esse monopólio, determinando uma cota obrigatória de filmes brasileiros em sua programação. Mas as obras de outros países, sejam europeus ou latino-americanos, somente no chamado circuito de arte.

O monopólio dos filmes estadunidenses na rede de cinemas dos *shoppings centers* irá determinar padrões de cultura muito além da estética e linguagem cinematográfica. Atinge níveis de valores éticos e morais distantes de nossa realidade cultural. E mesmo de como isso se forja em nossa subjetivação de modo irreversível. Não queremos dizer com isso que os filmes estadunidenses não apresentem obras de qualidade. Evidentemente que muitos exibem qualidade e exuberância ímpar. A questão é que, com esse monopólio dos distribuidores, tudo é exibido sem qualquer critério. Então, ao lado de filmes de qualidade, verdadeiros lixos são exibidos sem qualquer critério de defesa ao espectador desavisado.

O desaparecimento dos cinemas de bairro, longe de ser um fenômeno isolado, tem relação com o desmanche cultural de nossos valores nacionais. É parte dessa destruição de nossa cultura diante da imposição dos valores estadunidenses que vai dragando tudo que possui raízes culturais e que não se adapta ao novo ritmo da modernidade.

O circuito de arte

Os cinemas localizados em ruas trazem um detalhe de entrelaçamento interpessoal mítico e que precisa ser preservado com afinco e determinação. O entorno dos cinemas localizados na região da Av. Paulista aglutina restaurantes, cafés e principalmente bares, com suas mesas nas calçadas apinhadas de pessoas, fazendo disso algo simplesmente mágico.

Os cinemas do chamado Circuito de Arte, por outro lado, sobrevivem graças a uma série de patrocínios, ou então por subvenções governamentais. Como meras citações, podem-se arrolar as salas de projeção do Centro Cultural de São Paulo, mantido pela Prefeitura de São Paulo, a Sala Cinemateca, mantida pelo Governo Federal, o Cine SESC, mantido pelo próprio SESC, e as salas projetivas do Centro Cultural Banco do Brasil. Temos ainda o Espaço Itaú de Cinema, que mescla produções de arte com filmes que podem ser enquadrados em produções de constitutivos comerciais.

Um dos meus prazeres que não se exaure é justamente ir a esses cinemas de ruas e sorver o magnetismo das atividades paralelas que ocorrem em seu entorno. Também gosto muito de conhecer novos cinemas em cidades em que transito, seja por viagens acadêmicas, seja ainda por lazer. Cinema pulsa vida, e, por assim dizer, seus frequentadores transmitem e recebem a verve cultural que circula por esses ambientes.

São Paulo ainda nos propicia o privilégio de promover inúmeras mostras de cinemas alternativos de diretores consagrados e até mesmo reunidos por temáticas específicas. Também apresenta um dos festivais mais importantes do universo que é a Mostra Internacional de Cinema, que ocorre anualmente no mês de outubro. São reunidos centenas de filmes das mais diferentes nacionalidades, incluindo-se os grandes diretores mundiais e outros menos renomados. Passaram por esse espaço diretores como Wins Wenders, Pedro Almodóvar, Martin Scorsese, Bertolucci, Manoel de Oliveira, entre outros. É um presente da cidade para os cinéfilos amantes do verdadeiro cinema. Temos também o Festival de Cinema Latino-Americano, que a cada ano ganha mais projeção e importância pelo acervo exibido aos seus espectadores. Podemos inclusive afirmar que São Paulo, apesar do desmanche cultural que ceifa nossos valores mais tradicionais, mantém-se como resistência admirável diante dos desatinos impostos à nossa própria subjetivação.

Não há como se descrever o prazer que sinto de caminhar pelas ruas do entorno dos cinemas da região da Consolação e Av. Paulista após uma sessão cinematográfica. É como se a vibração que soçobra desses contextos pudesse energizar nossa alma de maneira a nos fortalecer diante das intempéries do caminho. A brisa da madrugada com as pessoas nas calçadas e nos bares do entorno dos cinemas é a vida pulsando magia da maneira única e simplesmente indescritível. Já me vi sentado na mesa de bar simplesmente para me sentir parte desse contexto; para simplesmente sorver a vida que vagueia nesse dimensionamento da arte que transpassa das telas para as nossas vidas. É vida que se transforma em enredo e nos impulsiona a novos desdobramentos da própria vida. É como se a magia do cinema se transportasse para esse entorno e fizesse um sequencial temático a prolongar seu enredo para as calçadas e mesas de bar desse contexto. Somos a emoção que cintila em uma projeção cinematográfica. A vida que vibra na madrugada e faz-nos seres cinéfilos em busca de sentido para a emoção dos enredos que projetam nossas vidas para além da própria definição conceitual dessa vivência. Vida e emoção, binômio indivisível no constitutivo do que se busca em torno do sentido de uma existência.

A preservação dos espaços públicos de cultura é uma maneira de se fortalecer os vínculos interpessoais tão esgarçados na atualidade. Disso não podemos abrir mão com o risco de simplesmente sucumbirmos aos valores estadunidenses que penetram em nossa subjetivação e destroem até mesmo a nossa dignidade. Igualmente não deixa de ser significativo que muitos cineastas, ao chegarem a São Paulo, mostram o desejo de conhecerem o circuito de arte dessa cidade, que pulsa vida e cultura de modo único.

O cinema é magia até mesmo pelo poder de aglutinar pessoas e eventos em torno de suas realizações. É a verve cultural a expandir nossa percepção rumo a novos horizontes perceptivos e até mesmo emocionais. Pelo fato de ser uma atividade em que necessariamente temos que estar diante do outro, ir ao cinema é algo que traz em seu bojo resquícios do resgate das relações interpessoais tão esgarçadas na atualidade.

De outra parte, quando falamos em resgate de nossa cultura, nada mais estamos fazendo que não resgatarmos a nossa própria dignidade diante das imposições de outras culturas que simplesmente nos assolam de modo irrebatível. Longe de ser uma abstração sem alcance perceptivo, o resgate de nossa dignidade nada mais é do que voltarmos ao nosso acervo cultural, validando nossas origens e principalmente os aspectos que nos fazem pessoas com peculiaridades próprias e que buscam a efetivação dos determinantes de sua condição humana.

O cinema mistura as nuanças da vida, entrelaçando-as com os nossos valores de ascese espiritual e até mesmo de superação dos desatinos que se apresentam em nossos meandros. A riqueza do relacionamento interpessoal é algo que se dilui na contemporaneidade frente ao avanço ímpar dos recursos tecnológicos. No entanto, mais do que nunca, é necessária a busca do entorno público em que as pessoas aglutinam-se e tornam-se pessoas no verdadeiro sentido do termo. Pessoas que se percebem como pessoas e que igualmente reconhecem ao outro como semelhante.

O cinema é a arte em que predomina a força do relacionamento interpessoal. É a mais coletiva de todas as práticas em arte. Não é possível um filme em que não esteja presente ao menos uma centena de pessoas, incluindo-se aí todas as partes envolvidas em uma produção cinematográfica. Igualmente, o envolvimento das partes constitutivas mostra simetrias que se amalgamam em diferentes detalhes e se completam na elaboração final de uma determinada arte cinematográfica. Se considerarmos ainda que muitos filmes são transposição para a tela de romances literários, temos ainda a junção das pessoas envolvidas com o filme com aquelas que participaram na produção do romance em forma de livro. O cinema é o único lugar em que a realidade não virá atrapalhar o prazer de confundir uma imagem com uma miragem.

Isso tudo está presente na magia das ruas que fazem parte do entorno dos cinemas. É a consagração do envolvimento que pulsa no enredo e que se transforma na vida das pessoas que participam do filme de todas as maneiras possíveis. Ou seja, desde aqueles que trabalham na elaboração do filme até aqueles que dele participam como espectadores. O depoimento do amigo Fernando Albuquerque, que trabalhou muitos anos em um cinema do chamado circuito de arte, ilustra bem tal situação: *trabalhar em cinema não é como trabalhar em outro lugar; aqui as pessoas vêm em busca de entretenimento, de vida, de algo que só existe aqui. Algo que só o cinema possui, o colorido das pessoas mostrado em seus sorrisos e em seus movimentos nas salas de espera.*

Os frequentadores de cinema sempre são jovens, e isso independentemente da idade que possuem. Sempre são pessoas com a alma remoçada, por mais que as cãs de seus cabelos estejam totalmente esbranquiçadas. Certamente podemos afirmar que todas as vezes que um cinema de bairro encerra suas atividades não é apenas uma casa de entretenimento que fecha suas portas. Ao contrário, é um pedaço de vida de quem um dia sonhou com o que foi exibido em suas telas e que se esvai nas entrelinhas do tempo e do espaço. É um bocadinho de sonhos e de esperança que se perde na efervescência de algo maior, que se transformou em algo insólito e que não pode ser alcançado pela emoção de nosso campo perceptivo. É o vazio que ganha formas nas portas fechadas e na retirada das placas de anúncio dos espetáculos. É o sonho que se transforma em pesadelo e adquire formas inomináveis.

Um filme é algo que transpassa qualquer conceituação que se queira aferir. Mesmo os inúmeros estudos e teorizações que se fazem sobre o efeito de suas imagens e luzes derramando-se e transformando-se nas mais fortes emoções sobre nós sempre estarão aquém de tudo o que se pode vivenciar e sonhar diante de sua magia. É o cotejar de uma esperança que adquire formas em contínua transformação a nos arrebatar para dimensionamentos que não podem ser abarcados por outra linguagem que não a emoção exaurida desta vivência única e singular que é o ato de se assistir a uma projeção cinematográfica.

A DOCE MAGIA DO CINEMA

Valdemar Augusto Angerami

Para Paulinha, minha menina cinéfila...

Que a tua vida tenha as cores e a paixão de Almodóvar...
A profundidade de alma retratada por Bergman...
Que seja uma paisagem luminosa em plano aberto como os registros de Kurosawa. Que você continue com teu pensamento ágil e com a destreza da vida, assim como a câmera de Glauber Rocha... E com a leveza de imagens de Zelito Viana...

Que os teus dias tenham a beleza e o encanto das imagens de Bertolucci...
Que a monotonia dos teus dias seja quebrada como a fragmentação e a incerteza
de Godard... E que as tuas decisões de vida tenham o lampejo e a dimensão do
jogo de espelhos e das câmeras de Fassbinder...

Que você continue essa criatura tão doce e delicada como um filme de Tornatore... Com a imprevisibilidade de Kubrick... Com a magia e o deslumbramento criativo de Fellini... Que os teus atos e realizações tenham
sempre um quê de mistério e sedução de Buñuel... A magia flamenca com as
bailaoras ciganas sapateando e girando na obra de Saura...

E que tua vida seja uma obra de arte tendo como trilha sonora a música de
Ennio Morricone e a de John Willians...

Serra da Cantareira, numa manhã azul de verão.

Capítulo 4

A ERA DO IMEDIATISMO E DO CONSUMISMO DESENFREADO

Cena de amor na modernidade: "Vai ser bom, não foi?"...

(ANÔNIMO)

Breve reflexão sobre o imediatismo

Vivemos em um período em que os fatos acontecem e se propagam de maneira vertiginosa. Tudo é imediato e momentâneo. As comunicações são imediatas e para isso lançamos mão de celulares, computadores e de um sem-número de recursos que tornam nossas comunicações interpessoais instantâneas. Em um passado recente, para falarmos com determinada pessoa, às vezes, era necessário deixar-se recado até mesmo em possível secretária eletrônica – também um símbolo que já foi item da modernidade das telecomunicações – e esperar que essa pessoa retornasse nossa ligação, muitas vezes no dia seguinte. Com o advento do celular e de outros recursos da internet, ao decidirmos falar com alguém, a conversa é imediata. Praticamente no mesmo momento em que desejamos acessar essa pessoa, nosso intento concretiza-se, tal o conjunto de itens à disposição para uma comunicação imediata. Até mesmo o registro fotográfico dos fatos e ocorrências de nosso cotidiano é imediato, e muitas das mensagens partilhadas acompanham fotos e vídeos registrados instantaneamente. Tudo, absolutamente tudo, torna-se imediato, e esse afã de que tudo precisa ocorrer na mesma frequência de comunicação é expandido para outras formas do comportamento humano.

Esse imediatismo traz consequência para outras áreas do desenvolvimento humano. Assim, em mera e vã citação, é praticamente insigne o número de pessoas que se dedicam ao estudo de piano ou de violão erudito. Ou seja, fica algo totalmente inviável se pensar na possibilidade de se estudar quatro ou cinco nós do instrumento para começar a tocar algo significativo, quando se tem uma verdadeira parafernália eletrônica cujos resultados são imediatos. Assim, em vez de piano erudito, compra-se um teclado eletrônico que já traz embutido recursos de ritmos, acompanhamento, e com um simples toque de dedos temos praticamente um grande conjunto musical a exibir-se diante de nós. Da mesma forma, em vez de se estudar violão erudito, compra-se uma guitarra eletrônica, aprendem-se os três acordes básicos do *blues* e do *rock and rol*, e se pode até pensar em tocar em um conjunto de rock, afinal, os grandes sucessos desse gênero são, na sua quase totalidade, feitos sobre a base desses três acordes. O estudo sistematizado de música, dessa maneira, praticamente é deixado de lado, como se fosse algo anacrônico que a modernidade tratou de tornar obsoleto e quase sem serventia na atualidade.

Quando nos deparamos com o fato de que a música, assim como outras manifestações artísticas, está cada vez mais banalizada, nada mais estamos fazendo que não referendar as consequências desse imediatismo em nossas vidas. Banalizamos a música da mesma forma como as próprias relações interpessoais estão banalizadas. A música é algo que se torna a cada dia mais pobre, tanto em seus constitutivos harmônicos e melódicos, como na estruturação de seu enfeixamento musical. Se também arrolarmos nesses questionamentos a análise das letras das músicas contemporâneas, a crítica igualmente se expande sem qualquer restrição.

É praticamente impossível se estabelecer comparações com outros fragmentos da vida social da contemporaneidade quando se têm à frente os aspectos desse empobrecimento das relações interpessoais. Estamos cada vez mais distantes dos detalhes que fazem de nossas vidas algo decididamente humano. Dissemos, em trabalho anterior,[8] que, ao mesmo tempo que assistimos ao desenvolvimento dos meios de comunicação, vemos o total empobrecimento das relações interpessoais. Assisto a um evento que ocorre em outro continente no mesmo instante de sua ocorrência, mas sou incapaz de me comunicar com o meu vizinho de prédio. Sou capaz de falar horas, por meio dos modernos recursos tecnológicos, com amigos muitas vezes igualmente virtuais, mas sou incapaz de procurar algum deles para estabelecer vínculos verdadeiramente efetivos.

Paulatinamente o que assistimos é que, além desse empobrecimento das relações interpessoais, temos a nossa entrega e dedicação plena e irrestrita aos recursos de comunicação moderna. Ficam-se horas no computador, mas não se é capaz de se dedicar minutos a um amigo, ou

[8] ANGERAMI, V. A. *Solidão*. A ausência do outro. Belo Horizonte: Artesã, 2017.

mesmo ao próprio cônjuge. Hoje praticamente é incontável o número de relações conjugais que esmoreceram em razão de um dos parceiros não mais suportar o número de horas que o outro se dedicava a internet. Como é igualmente incontável o número de parceiros conjugais que não suportam os sinais sonoros dos recursos tecnológicos anunciando que alguém está disponível nas diferentes redes de comunicação virtual. É como se tais recursos, em vez de servirem para trazerem conforto aos relacionamentos humanos, estivessem, ao contrário, mostrando o tanto que as pessoas estão cada vez mais distantes umas das outras.

O esgarçamento das relações interpessoais é algo que acontece diante de nossos olhos e nos mantém atônitos diante de seu desenvolvimento e de nossa total inércia no sentido de um estancamento. No entanto, nunca é demais se frisar que o avanço da tecnologia moderna por si não pode ser responsabilizado pelo atual estágio das relações interpessoais. Na realidade, a responsabilidade precisa ser atribuída aos humanos que fizeram desses recursos algo que, em vez de trazer conforto e facilidade à vida moderna, mostram o verdadeiro empobrecimento das relações interpessoais. Esse imediatismo acaba fazendo da contemporaneidade um simulacro de situações surreais, pois, à medida que exigimos esse imediatismo nas atividades profissionais, também o trazemos para os nossos relacionamentos interpessoais. É dizer que exigimos relações interpessoais em que esses imediatismos transpassam até mesmo o nível de nossa própria subjetivação. Dessa maneira, é comum jovens adolescentes relatarem que foram a determinada festa e lá *ficaram* com mais de dez jovens. O *ficaram* significa que trocaram beijos e abraços com esse número de jovens.

Se isso pode deixar estarrecidas pessoas de outras gerações, para eles, que vivem o imediatismo pleno em suas vidas, nada mais é do que algo que faz parte do cotidiano de maneira plena e indissolúvel. Considerando que muitas vezes sequer sabem o nome de seus parceiros de festa, temos então algo que, na realidade, é apenas e tão somente um pequeno reflexo desse imediatismo contemporâneo em suas vidas.

Os tentáculos desse imediatismo são muito complexos e sua origem reside principalmente no aspecto de que estamos cada vez mais distantes de valores de relacionamentos interpessoais verdadeiramente humanos. Seja por receio da violência contemporânea, seja ainda pela facilidade dos recursos da moderna tecnologia, o fato é que estamos distantes de maneira abismosa dos aspectos de relacionamentos interpessoais. Pedimos comida pelo telefone ou pela internet; fazemos compras pela internet. Assistimos tudo pelos modernos recursos audiovisuais sem a necessidade de nos locomovermos de casa. Ou seja, a cada dia estamos mais enraizados em nossas próprias casas e distantes de tudo que seja relacionamento interpessoal vivencial. Vivemos apenas o que significa virtual, e essa virtualidade transpassa-nos para a nossa subjetividade de maneira irreversível. À medida que o imediatismo passa a orientar nossas vidas, o que temos então é um modo de ser em que a nossa subjetivação se vê amalgamada a esses parâmetros.

Pensamos e sentimos com determinantes desse imediatismo. Fomos perdendo nossa capacidade de ação sem o imediatismo. O nosso direcionamento frente à vida, e até mesmo aos relacionamentos interpessoais, é transpassado por esse imediatismo. É dizer que cada vez mais estamos correndo em busca do nada, de um vazio que sequer conseguimos definir. E isso tudo é simplesmente definido como *vida moderna*, ou seja, ajeitamos um novo conceito a uma forma de vida que paulatinamente destrói todos os nossos vínculos e valores interpessoais. Essa realidade torna-se uma forma de vida da qual não conseguimos nos desvencilhar nem tampouco modificá-la, e isso em que pese consequências danosas à nossa condição de vida.

Uma das faces cruéis do capitalismo: o consumismo desenfreado

Somado ao imediatismo, temos ainda uma das facetas mais cruéis do capitalismo contemporâneo, a imposição do consumismo desenfreado. Diante da afirmativa de que o capitalismo torna-se a cada dia mais selvagem e sem qualquer limite para sua ação predatória, temos, então, na imposição do consumismo, uma das maiores crueldades que se pode impor, principalmente aos desfavorecidos em termos socioeconômicos. O neoliberalismo, ao impor condições de disputas acirradas em que os *melhores* se beneficiam e se tornam *vencedores* de uma disputa social inglória e descabida, ceifa de vez toda a ilusão de uma sociedade justa e fraterna.

O capitalismo selvagem utiliza, na atualidade, um dos recursos mais portentosos para se atingir a subjetivação das pessoas e que é justamente a qualidade de penetração de suas propagandas e de seu *marketing*, que o vende como sendo o melhor dos modelos econômicos desde sempre. Assim, desde os programas infantis pela manhã, somos assolados por um sem-número de propagandas que nos imputam as mais diferentes necessidades de uma variedade que vai desde guloseimas infantis até novos modelos de automóvel.

Tudo indo ao encontro do imediatismo para ser descartado após breves períodos de uso. Assim, os aparelhos celulares, automóveis, geladeiras, bicicletas, computadores, etc. são lançados a cada instante com novos modelos que tornam os anteriores simplesmente obsoletos. A imposição é de tal forma arquitetada que alguém que possui modelos antigos de qualquer parafernália moderna é simplesmente alvo de chacota dos demais.

Durante décadas escrevi meus textos acadêmicos e livros em uma máquina de escrever portátil de marca Remington e que hoje se encontra encostada em um canto de meu escritório. Nesse período, ela era minha companheira fiel, que eu levava para todo canto para escrever meus textos. Trocava-se a fita de tempos em tempos, e periodicamente ela era levada para uma revisão e principalmente para limpeza. Portátil, ela era fácil de transportar e se adaptava às minhas necessidades de escrita. Isso quando eu não escrevia em um caderninho, simplesmente utilizando uma caneta. Veio então a era da informática. E claro, os recursos disponíveis em um computador são infinitas vezes superior a qualquer máquina de escrever. Basta se citar apenas o recurso do *backspace*, com o qual se apaga o que foi indevidamente escrito e o texto está novamente sem alterações. Isso sem mencionar o recurso do *copia e cola*, com o qual alteramos o texto, inserindo novas partes, ou então mudando de lugar algum pedaço desse texto. No momento em que escrevo essas linhas, faço-o em um *notebook* que já deve ser o meu quinto computador, e certamente em breve ele também será substituído, pois igualmente irá se tornar obsoleto. E torna-se praticamente impossível imaginar que os grandes romancistas da humanidade – Dostoievsky, Sthendal, George Sand, Machado de Assis, entre tantos – simplesmente escreveram seus livros a caneta, livros que muitas vezes possuem mais de 500 páginas. E alguns inclusive escreviam com canetas que precisavam ser molhadas em um tinteiro a cada punhado de palavras. O nosso imediatismo, associado ao consumismo, não nos permite sequer visualizar a dificuldade de escrita por eles enfrentada.

Até mesmo a configuração editorial é cada vez mais dinâmica e sequer permite qualquer comparação com os tempos idos. Lembro meu primeiro livro, em meados da década de 80 do século passado, em que os originais eram transformados em fotolitos, que eram imensos. Encontrava-me na editora quando os originais do meu primeiro livro foram enviados para a gráfica. Eles simplesmente foram transportados em uma Kombi tamanha a quantidade de fotolitos necessários para a efetivação de um livro. Hoje simplesmente enviamos um livro através de arquivo anexo em um *e-mail*, direcionado para outro *e-mail*, ou então em um CD ou *pen-drive*. Se considerarmos que já existem computadores que simplesmente respondem a ditados de voz humana, então iremos constatar que estamos em um processo que não temos como balizar seus desdobramentos, nem tampouco como serão os processos de escrita no futuro.

O consumismo invade nossa subjetivação de maneira irrebatível; sem nos darmos conta, trocamos de automóvel, celular, computador, sem a real necessidade de substituição. Ou seja, somos impelidos a ter o modelo mais avançado e que possua os recursos tecnológicos de última geração, ainda que não nos sejam necessários e que tampouco saibamos como utilizá-los. Um rápido olhar pelas escolas infantis e iremos nos deparar com um número tão grande de celulares de última geração que praticamente fica impossível tentar enquadrar quais os lançamentos mais recentes ou até mesmo quais são dotados dos recursos necessários para a sua finalidade maior, receber e efetivar ligações telefônicas. É dizer que estamos em uma realidade em que a nossa percepção não consegue atinar o que é realmente necessário para o nosso conforto e sobrevivência, ou aquilo que tornamos como indispensável pela imposição desvairada do capitalismo, que nos cria um sem-número de necessidades. Basta se evocar as propagandas que nos incentivam à troca contínua de aparelhos de telefonia celular.

As primeiras propagandas mostravam a necessidade de se possuir aparelhos de telefonia móvel para situações emergenciais em que ele seria de grande valia. Posteriormente, e após essa inserção de necessidade subjetiva, não mais se fala do celular como algo indispensável à vida moderna, pois isso já está vincado em nossa subjetivação, e sim da necessidade de se ter aparelhos modernos e que apresentem um número cada vez maior de recursos e de definições de alta tecnologia. Frise-se ainda que as operadoras de telefonia móvel criaram tamanho aparato de consumismo que ele se tornou indispensável em todas as datas comemorativas de festividades de nosso calendário. Assim, ele é um presente indispensável para o dia das mães, dos pais, das crianças, natal, aniversários e até mesmo para a celebração de datas significativas na vida de uma pessoa como casamento, formatura, aniversário, batizado etc.

Somos reféns desse consumismo, que nos é impelido de todas as formas possíveis e imaginárias. Tal qual algo que nos é imposto sem que tenhamos consciência de sua penetração, e até mesmo do alcance de seus tentáculos, estamos à mercê de toda a sorte de estimulações a nos convidar ao consumo desvairado e desenfreado da modernidade.

O consumismo na indústria cinematográfica

Esse consumismo e sua consequente descartabilidade também atingiram a cinematografia com as produtoras, principalmente as hollywoodianas, tendo de produzir um sem número de filmes a cada ano para atender à necessidade cada vez mais premente de novidades em sua programação. A descartabilidade das produções cinematográficas chega a tal ponto que a quantidade de filmes para consumo imediato, sem qualquer preocupação com nada mais que isso, é incontável. Filmes muitas vezes produzidos apenas para entrarem em cartaz nas férias escolares, e depois simplesmente sumirem até dos catálogos das produtoras.

Os grandes diretores, com suas produções mais requintadas e muitas vezes até artesanais, continuam produzindo em seu ritmo, seguramente muito mais lento do que esse frenesi das grandes produtoras. Seus filmes não se misturam àqueles efetivados para consumo imediato. Destacam-se de maneira cada vez mais sobressalente, impondo qualidade a esse universo de descartabilidade tão forte em nossa cotidianidade. O que acontece com frequência cada vez maior é o fato de esses filmes não alcançarem sucesso comercial, tendo suas exibições muitas vezes restritas apenas ao circuito de arte. Mas o modo como as grandes produtoras impuseram seu ritmo de consumo e descartabilidade faz com que esses diretores que primam pela qualidade de seus filmes tenham cada vez menos espaço de exibição de suas artes.

Isso faz com que um círculo perverso se estabeleça e praticamente se torne irreversível. Assim, as novas gerações acostumam-se com a formatação imposta pelas grandes produtoras, principalmente as hollywoodianas, e praticamente não aceitam nada que simplesmente saia desses padrões. Nesse sentido, é muito difícil querer que um jovem com essas características consiga apreciar um filme com requintes de fotografia, música, direção, entre tantos quesitos que tornam um filme maravilhoso. E sem dizer que a previsibilidade da maioria dos filmes hollywoodianos é esperada de modo totalmente ingênuo. Como ilustração, cito situação ocorrida depois da exibição de um filme durante uma discussão temática. Sempre utilizo filmes para ilustrar a temática que está sendo vista e discutida em aula. Em uma dessas ocasiões, ouvi de uma aluna o seguinte depoimento: *Professor, os filmes que o senhor traz nunca têm final feliz. Gosto de ir ao cinema para ver coisas bonitas e não essas tão tristes que o senhor nos traz.* Na realidade, ela queria dizer que os filmes que mostram a realidade tal qual ela é não era algo de seu agrado. Dizia textualmente apreciar filmes que traziam final feliz, ainda que isso fosse totalmente irreal e ilusório. Mas, diante da descartabilidade dos filmes produzidos pelas grandes produtoras na atualidade, o importante é fazer com que as pessoas se distraiam apenas naqueles momentos da exibição, não importando qualquer simetria com a realidade.

Na medida em que o consumismo tornou a sociedade refém de si, não se poderia esperar outra coisa da indústria cinematográfica. Afinal, ela também faz parte da engrenagem social, com seus meandros e detalhamentos. Ademais, muito da imposição de valores estadunidenses em nossa subjetivação, até mesmo de hábitos de consumismo e descartabilidade social, dá-se justamente por meio de seus filmes. Se incluirmos nesse rol de descartabilidade as séries realizadas para as TVs, a partir do circuito estadunidense, tem-se, então, uma realidade em que não é possível enumerar o número de séries apresentadas diuturnamente. Essas séries muitas vezes se originam de filmes que foram apresentados inicialmente no circuito cinematográfico. Diante do sucesso no cinema são adaptadas para a TV e aumentadas em uma quantidade incontável de capítulos. De modo irreversível, depois são descartadas sem qualquer atenuante. Há tantos filmes e séries televisivas com os mais diferentes temas e enredos que é praticamente impossível qualquer tentativa de arrolar alguma classificação mínima que seja.

Mas verdadeiramente não existe nada nessa produção frenética que não tenha período de duração previsto apenas para uma breve temporada de exibição. Não existe mais qualquer pretensão de se criar algo que seja considerado de qualidade, ou então que tenha outros parâmetros que não o consumo imediato, e sua consequente descartabilidade. Atores, diretores, roteiristas, enfim, toda a gama de pessoas envolvidas nessas produções praticamente forma um contingente descartável, pois seus nomes são, na maioria das vezes, associados apenas e tão somente a tais produções. Consequentemente, são totalmente descartados na temporada seguinte, com o surgimento de outras tantas produções.

Paradoxalmente, diante de um número tão grande de produções descartáveis nas produtoras hollywoodianas, os grandes ícones da indústria cinematográfica estadunidense são atores, diretores, roteiristas, diretores de fotografia, de música, *designers*, etc. associados a filmes de qualidade por ela produzida. Como fresta de luz na escuridão, isso mostra que o cinema de qualidade insiste e persiste diante da descartabilidade da maioria das produtoras hollywoodianas. Frise-se, porém, que, ao enfatizarmos o frenesi da indústria hollywoodiana, não estamos com isso querendo dizer que as indústrias cinematográficas europeias, e mesmo de outros cantos, incluindo-se aí o Brasil, não estejam igualmente produzindo uma quantidade incontável de filmes descartáveis, que visam apenas e tão somente à rentabilidade imediata.

Não significa dizer que, em outros momentos, as produções cinematográficas não buscavam lucros e sucessos de bilheteria. Apenas que, junto com esse objetivo, existia também uma preocupação com qualidade, inovação e a imposição de um sem-número de quesitos que faziam de cada filme uma obra única e que, muitas vezes, serve de referência até aos dias de hoje.

Capítulo 5

A INDÚSTRIA HOLLYWOODIANA DE ENTRETENIMENTOS[9]

Entretenimento imediato.
O maior filme de todos os tempos...

[9] No momento em que escrevíamos este trabalho, tivemos o falecimento do grande diretor estadunidense Sidney Lumet, aos 86 anos de idade. Lumet mostrou em seus filmes uma tentativa incessante de desvendar a sociedade estadunidense. Nascido na Filadélfia em 1924, seu primeiro filme foi seguramente uma de suas maiores realizações, o estupendo *12 homens e uma sentença*, produção que o alçou ao nível dos grandes diretores mundiais. Fez ainda *Vidas em fuga*, *Longas jornadas*, *Noite adentro*, *Serpico*, *Um dia de cão*, *Rede de intrigas*, *O veredicto* e *Antes que o diabo saiba que você está morto*. Ele figura como um diretor que se posicionou contrário à banalização da indústria de entretenimento hollywoodiana, apresentando filmes que não iam ao encontro daquilo que era preconizado pelas grandes produtoras cinematográficas. Nossa singela homenagem e nosso tributo a esse grande diretor.

Considerações iniciais

Os filmes produzidos pela indústria hollywoodiana de entretenimento possuem a característica básica de trazer uma ilusão às agruras da vida, ou seja, eles mostram a vida como ela não é. Mostram-se resoluções que deixam os espectadores satisfeitos com o final feliz, geralmente apresentado em seus enredos. Ainda que em breves momentos, esses filmes mostram situações de felicidade, que se apresentam como bálsamo diante das agruras da realidade. Como se trata de uma indústria que precisa produzir quantidade enorme de filmes, com raras exceções, o que temos é a total banalização de suas produções. Deixam-se de lado preocupações com recursos artísticos, concentrando-se em sua produção apenas o mínimo necessário para o entretenimento da plateia.

Dissemos, em texto anterior,[10] que, apesar da banalização atribuída à indústria hollywoodiana, algumas de suas produções mudaram a história do cinema. Nesse rol podemos citar *Tempos modernos*,[11] de Charles Chaplin, *Laranja mecânica*,[12] de Stanley Kubrick, *Rastros de ódio*,[13] de John Ford, *Touro indomável*,[14] de Martin Scorsese, entre outros. Mesmo quando se evocam os antigos musicais de Hollywood, o que temos são verdadeiras obras de arte de um período em que seus filmes eram feitos com um primor e requinte dos atuais filmes de arte. Até mesmo o grande

10 A compreensão da saúde a partir da exibição de filmes, *op. cit.*

11 CHAPLIN, C. *Tempos modernos*. São Paulo: DVD Versátil, 2014.

12 KUBRICK, S. *Laranja mecânica*. São Paulo: Warner Bross Pictures, 2006.

13 FORD, J. *Rastros de ódio*. São Paulo: Warner Bross Picture, 2012.

14 SCORSESE, M. *Touro indomável*. São Paulo: Fox Vídeo Brasil, 2006.

mestre Fellini, em *Ginger e Fred*,[15] presta uma delicada e maravilhosa homenagem aos grandes musicais hollywoodianos pelos quais sempre se mostrou apaixonado. Nesse filme, um casal apresenta-se imitando o lendário casal dos musicais hollywoodianos Fred Astaire e Ginger Rogers.

O apogeu de Hollywood

Hollywood teve momentos de grandes produções e de arroubos artísticos. Muitos filmes desse período áureo certamente figuram entre as grandes produções da história cinematográfica e dificilmente serão superados tanto em aspectos da emoção provocada por seus enredos, como também pelos detalhes técnicos que os tornaram referencias em diferentes épocas e contextos. Foi um período em que a magia do cinema encontrou o cenário necessário para se desenvolver e criar obras que se eternizaram e encantaram diversas gerações de admiradores. Desde os musicais maravilhosos, que entoavam danças e músicas deslumbrantes e mesmo indescritíveis, até grandes dramas, passando por épicos inesquecíveis, era em Hollywood que o cinema pulsava e mostrava-se como sendo a mais fascinante de todas as artes.

Nas décadas de 40, 50 e início dos anos 60 do século passado, o cinema ganhou esplendorosas produções hollywoodianas. Muitos filmes que encantaram gerações ainda se mostram fortes e em perfeitas condições técnicas e artísticas na atualidade. Desde os antológicos musicais com Fred Astaire e Ginger Rogers, Gene Kelly, entre outros, que até hoje nos encantam pela magia de suas produções, até a produção de grandes clássicos que igualmente nos encantam até a atualidade, Hollywood era referência de cinema de qualidade. Dramas, comédias, *westerns*, musicais, épicos, aventuras, enfim, filmes que marcaram várias gerações com seus enredos fascinantes e arrebatadores. Isso sem contarmos ainda com a magia dos contos de fadas e histórias infantis, trazidos magistralmente às telas por Walt Disney. É dizer que nesse momento havia uma preocupação significativa com a qualidade, o que não significa que tais filmes não eram igualmente muito lucrativos.

[15] FELLINI, F. *Ginger e Fred*. São Paulo: DVD Versátil, 2005.

Entretanto, na atualidade, como vimos anteriormente, assistimos apenas à criação de filmes com os mais variados temas, sem qualquer preocupação com requintes artísticos, e que apresentam como tônica maior a banalização do entretenimento, buscando-se tão somente os aspectos mercadológicos de uma produção.

A banalização da produção hollywoodiana

É importante ressaltar que a banalização da produção hollywoodiana tem seu início nos anos 60 do século passado. É quando ocorre uma verdadeira guinada em suas produções, derivando-as apenas e tão somente para que fossem atendidas as necessidades mercadológicas das grandes produtoras. Mesmo nesse período, tivemos filmes, como dissemos acima, que são exceções tanto pela qualidade de suas produções, como pelo esmero de técnicas em junção com o enredo.

Dentro desse processo de banalização, uma das características das produções hollywoodianas contemporâneas é trazer para a tela ocorrências da realidade praticamente em tempo virtual. Assim, por exemplo, tivemos recentemente ao momento em que este texto é produzido o episódio em que mineiros chilenos ficaram presos no interior de uma mina durante alguns meses. Esse acidente já está sendo produzido em Hollywood. Na evocação de que se trata de uma história real, outros aspectos são deixados de lado, pois os produtores já partem do princípio de que o enredo por si irá comover os espectadores, uma vez que a própria realidade também já foi comovente. Centenas de episódios dos mais diferentes matizes já foram levadas às telas por essa indústria de entretenimento em sua busca incessante de temas e episódios que sejam atraentes para os espectadores, e consequentemente lucrativos. É dizer que os episódios reais que provocam grandes comoções sociais e emocionais sensibilizam os produtores hollywoodianos no sentido de efetivarem produções que vão ao encontro do desejo dos espectadores ávidos por presenciarem nas telas tais episódios.

Outro aspecto bastante contundente na indústria de entretenimento hollywoodiano são os chamados *remakers*, ou seja, são aquelas situações em que grandes filmes recebem novas versões na ótica hollywoodiana.

Um dos casos mais grotescos desse processo é o filme *Cidade dos anjos*,[16] *remaker* de *Asas do desejo*,[17] de Wins Wenders.

Asas do desejo situa-se entre os maiores filmes de todos os tempos, sendo uma obra que tornou Wins Wenders não apenas um dos grandes diretores de todos os tempos, como também refém de si próprio. É que, a partir desse filme, criou-se uma expectativa em seus filmes de que todos iriam superá-lo. No entanto, por mais estupendos que possam ser seus filmes, a comparação com *Asas do desejo* deixa a desejar e faz com que sempre fiquemos frustrados e aquém da expectativa de suas novas obras. Frise-se que ele possui, entre suas obras, o estupendo *Paris Texas*,[18] que seguramente figura entre os grandes filmes da contemporaneidade.

Cidade dos anjos, no entanto, nada mais é do que um simples romance açucarado criado apenas para entretenimento e muita lucratividade. Certamente em relação com o filme que lhe inspirou nada existe. E o que é ainda mais grave, nem mesmo os princípios básicos da obra de Wins Wenders foram preservados. Como foi salientado, *Asas do desejo* é um dos maiores filmes de toda a história do cinema e *Cidade dos anjos* não figura nem como exceção da banalização da indústria hollywoodiana de entretenimento. Seguramente a relação seria infindável se quiséssemos arrolar neste trabalho os inúmeros *remakers* que nada apresentam de seus originais, nem tampouco o respeito mínimo ao projeto de estruturação inicial.

No entanto, é importante frisar que esse processo de banalização não é exclusivo do cinema, ao contrário, todos os segmentos artísticos passam por esse mesmo processo. Assim, podemos ver, por exemplo, o que ocorre com a música de qualidade completamente alijada de qualquer espaço para que as produções medíocres e igualmente descartáveis ganhem espaço. É assim no Brasil, na Europa, nos EUA e onde quer que se queira arrolar. A impressão que se tem é que não mais existe espaço para obras que necessitem de requintes de qualidade e aprumo em suas concepções. As expressões e manifestações artísticas que apresentem qualidade e requinte de elaboração em seus bojos precisam conquistar espaços de maneira eloquente e até mesmo heroica.

16 *Cidade dos anjos*. São Paulo: Warner Bross, 2009.

17 WENDERS, W. *Asas do desejo*. São Paulo: Europa Filmes, 2009.

18 WENDERS, E. *Paris Texas*. São Paulo: Europa Filmes, 2009.

A indústria de entretenimento hollywoodiana nada mais faz que apenas e tão somente seguir essa tendência. Ela repercute com mais intensidade por veicular, muitas vezes, até mesmo esse tipo de ocorrência em suas tramas. Na realidade, também é fato que, ao determinar padrões descartáveis às suas produções, ela vai ao encontro de diferentes segmentos que aderiram a esse padrão de imediatismo contemporâneo. Os efeitos desse imediatismo em nossa subjetivação certamente são desastrosos, pois podemos concluir, sem qualquer margem de erro, que a vida estressante da contemporaneidade fundamenta-se na imposição dessa noção de imediatismo em nossas vidas. Tudo precisa ser feito com pressa e urgência. Nada pode ser feito de maneira pausada, sem pressa e atropelo. E tudo, absolutamente tudo, passa a ser considerado velho e obsoleto. Um filme com mais de cinco anos de produção já é considerado velho e superado. Por mais que o cinema seja uma arte atemporal, essa noção de imediatismo e de descartabilidade também é passada para os jovens que, de alguma forma, aproximem-se das produções cinematográficas.

No Brasil, em razão de sua própria condição periférica, assistimos à total sucumbência de filmes de outras nacionalidades, que não conseguem espaço diante da avalanche de lixo hollywoodiano que nos é imposto em nossa cotidianidade. Quando defino o Brasil como periférico e, em outros trechos deste trabalho, até como país subdesenvolvido, não é por desconhecimento das novas denominações que o definem como país em desenvolvimento. Esse ufanismo é indevido, pois, se somos desenvolvidos em algo, será apenas no aumento brutal da desigualdade social que ceifa milhares de vítimas diariamente. Chamar de desenvolvimento o alto índice de analfabetismo que ainda apresentamos é simplesmente dantesco. E o que dizer, então, quando se constata que São Paulo, a maior metrópole da América Latina, tem cerca de vinte mil pessoas em situação de rua?! Subdesenvolvido e periférico ainda seriam denominações suaves ao cancro social que esgarça nossa dignidade de seres humanos.

Somos reféns dessas tramas de tal sorte que a nossa própria subjetividade é moldada a partir da exibição dos filmes hollywoodianos. Tome-se, por exemplo, o fato de que a quantidade de filmes abordando a realidade das escolas e colégios estadunidenses é tão intensa que praticamente os espectadores brasileiros conhecem essa realidade com detalhes até mais específicos do que a própria realidade educacional brasileira. Todas as vezes que se tentou coibir esse excesso, as vozes reacionárias e contrárias a qualquer mudança desse cenário arvoram-se e clamam para que a imposição dos valores estadunidenses por meio da exibição de filmes continue impunemente.

A programação televisiva de filmes segue nesse mesmo cenário e o que vemos sem qualquer perspectiva de mudança é, pura e simplesmente, a exibição em horários nobres de todas as formas desses lixos hollywoodianos. Como nossa própria subjetivação foi moldada nesses parâmetros, o que assistimos é o absurdo dessa imposição hollywoodiana se efetivar em determinado momento, e, em outro, ser solicitado como sinônimo de filme prazeroso, ou então, o que é ainda pior, ser considerado o verdadeiro entretenimento em forma de filme.

Esse contraponto fica exposto de forma contundente nas ocasiões em que podemos apreciar em detalhes produções cinematográficas de outros centros que não apenas a estadunidense. Como mera citação, podemos mencionar a Mostra Internacional de São Paulo, que anualmente reúne produções dos mais diferentes países. O que se torna mais surpreendente nessas ocasiões é justamente constatar a qualidade dos filmes realizados em outros centros que sequer fazem parte do nosso catálogo usual. Filmes produzidos na América Latina, Central, Leste Europeu, África, e tantos lugares, que se torna muito difícil balizar a razão de tamanha exclusão, principalmente diante da qualidade dessas obras.

A produção estadunidense, por meio de suas próprias distribuidoras, assolapa completamente filmes de outras nacionalidades. Esse massacre é tão contundente que essa imposição faz com que os espectadores rejeitem tudo que não seja estadunidense.

Somos reféns de algo que a indústria estadunidense nos impõe como filme de qualidade, em total antagonismo ao que seja realmente algo que possa ser definido dessa forma.

Não podemos deixar de lado, quando falamos nessa exclusão de filmes de outros centros produtores, o nosso próprio preconceito contra outros países, principalmente da América Latina, África e Oriente Médio. Tendemos a considerar que países como Venezuela, África do Sul, Senegal, Colômbia, Peru, Chile, etc. não possuem condições de apresentarem produções cinematográficas de qualidade. Quando assistimos às produções desses e de tantos outros países, ficamos estupefatos com a qualidade exibida, e totalmente incrédulos diante do que se nos apresenta. Exemplo dessa situação são duas estupendas produções latino-americanas praticamente desconhecidas do grande público: *Pantaleão e as visitadoras*,[19] do diretor Francisco J. Lombardi, e *Maria cheia de graça*,[20] do diretor Joshua Marston, produção que aborda o tráfico de cocaína para os EUA por meio da ingestão de papelotes dessa droga.

Fazemos exceção apenas à Argentina, pois a excelência de seus filmes a cada dia conquista mais adeptos pelo primor de qualidade de suas produções. Frise-se que esse preconceito se expande a tudo, apenas estamos fazendo referência aos filmes por ser esse o objeto de análise deste texto.

Esse aspecto observado na imposição da produção da indústria cinematográfica, principalmente em relação aos países subdesenvolvidos, é apenas uma faceta de como outras produções são impostas inapelavelmente. Dessa maneira, desde peças de vestuário, até brinquedos, bebidas, automóveis e tudo que se quiser arrolar simplesmente são impostos de maneira irrebatível aos consumidores deste país. Tudo que tem a chancela de ser uma produção estadunidense passa a ser considerado de qualidade superior.

Dentro dessa pasteurização sofrida pela indústria hollywoodiana, temos a configuração da criação da cerimônia do Oscar, para premiação de seus melhores filmes, com adendo a filmes estrangeiros. Na realidade, o que se percebe nessa cerimônia nada mais é do que a premiação às produções que se enquadram naquilo que eles estabeleceram como padrão de qualidade. Perdem-se parâmetros das antigas produções que primavam por qualidade em todos seus quesitos, e passa-se a premiar filmes que certamente terão destaque nos padrões comerciais impostos por essa indústria de entretenimento. Prova disso é que quase ninguém sabe dizer o nome dos filmes premiados na última cerimônia do Oscar. Terminada a festa, os filmes premiados arrecadam fortunas em bilheterias mundo afora, para serem sequencialmente legados ao total ostracismo, determinando padrões específicos aos filmes hollywoodianos.

Nesse período de globalização, em que as informações são transmitidas simultaneamente de todas as maneiras possíveis nas diferentes redes sociais, e com o agravante de que o domínio das principais intervenções

[19] LOMBARDI, F. J. *Pantaleão e as visitadoras*. São Paulo: Europa Filmes, 2008;

[20] MARSTON, J. *Maria cheia de graças*. São Paulo: Imagem Filmes, 2009.

virtuais igualmente é estadunidense, temos um cenário que provavelmente está muito distante de ter algum tipo de mudança. O *padrão de qualidade* estadunidense, assim, será imposto de todas as formas possíveis sem que possamos minimamente encontrar algum tipo de defesa para essa avalanche de informações que nos é imposta.

Mesmo que países como a Suécia e o Japão tenham nos brindado com dois dos maiores diretores de toda a história do cinema, Ingmar Bergman e Akira Kurosawa, respectivamente, ainda assim, a produção cinematográfica desses países é legada ao total ostracismo em nossas salas de exibição. Até mesmo Portugal, que nos presenteou com o mestre Manoel de Oliveira, recentemente falecido, que foi o único diretor a filmar desde os tempos do cinema mudo até a era digital, tem sua produção totalmente alijada no circuito exibidor. É como se não houvesse mais lugar para obras de qualidade, tal a quantidade de lixo que nos é imposta pela indústria hollywoodiana, em detrimento de realizações primorosas. Considerando-se ainda a questão de nossa cotidianidade, em que o desprezo aos valores nacionais é uma de nossas principais depreciações, temos um cenário praticamente irreversível mesmo ao longo prazo. Ademais, o poderio de persuasão estadunidense não dá trégua nessa imposição de valores. Isso nos deixa combalidos e reféns de uma estratégia que destrói totalmente nossos valores culturais. Paradoxalmente, todos os movimentos de resistência aos nossos valores culturais, de modo geral, não conseguem impor nossas tradições diante dessa avalanche que nos leva à total sucumbência em nossa soberania. Assistimos a nossas crianças comemorando ao Halloween e torcendo o nariz para alguma festividade do nosso rico folclore. Essa é a nossa realidade, e uma luta que não pode ter esmorecimento, pois o massacre da nossa tradição cultural tem no cinema hollywoodiano um de seus principais tentáculos. Acreditar simplesmente que um filme nada mais é que uma inócua forma de entretenimento torna-se uma das mais alienantes e alienadoras maneiras para se enfrentar algo tão avassalador.

Capítulo 6

A SUBJETIVAÇÃO A PARTIR DO CINEMA

Nas matinês era o herói cowboy...
Agora sou o sonhador em busca de vida nos sonhos...
(Valdemar Augusto Angerami)

Início de um percurso

A nossa subjetivação é forjada a partir de nossa historicidade. Das diferentes vivências que temos ao longo da nossa vida. Nossa vida subjetiva molda-se com nossas experiências de vida, em âmbitos culturais e com toda a gama de estímulos que temos ao longo de nosso desenvolvimento. Entre essas diversas estimulações, temos o estabelecimento de padrões e parâmetros subjetivos moldados a partir dos filmes. Assim, por exemplo, após tantos filmes que nos são impostos, mostrando New York de todas as formas possíveis e até mesmo a Califórnia, quando se viaja a esses lugares, a impressão primeira é se tratar de locais sobejamente conhecidos em face de familiaridade com que seus detalhes nos são exibidos nesses filmes. Mesmo determinados hábitos sociais são impetrados à nossa subjetivação por esses filmes. Tome-se o hábito de *fast food*, pelo qual as pessoas simplesmente se amontoam em restaurantes e lanchonetes para uma refeição rápida entre os turnos de trabalho. Adotamos o *american way of life*[21] sem nos darmos conta de que essa penetração subjetiva ocorreu a partir dos modelos estadunidenses que nos são impostos das mais diferentes maneiras. Entre esses modelos estão os filmes de entretenimento, que de maneira aparentemente ingênua nos impõem valores e hábitos distantes da nossa realidade sociocultural.

Estamos fazendo referência à indústria de entretenimento do cinema hollywoodiano sem deixar de considerar que outros tentáculos de penetração do entretenimento estadunidense são igualmente portentosos e nos penetram subjetivamente com a mesma eficácia. Tornamo-nos

[21] Em tradução livre *O modo americano de vida.*

reféns dessa imposição e sem nos darmos conta reproduzimos valores e procedimentos que sequer minimamente tangenciam a nossa realidade cultural. Assim, temos a indústria musical, o conjunto de produtos como Coca Cola, McDonald's, Bob's, entre outros que igualmente nos impõem o *american way of life* de maneira irrebatível. Isso tudo sem dizer que temos uma avalanche de imposição dos mais diferentes produtos e valores, de maneira tão sorrateira que passa a ser verdadeira a supervalorização da importação dos produtos estadunidenses por simplesmente serem considerados melhores que os similares nacionais. Na realidade, foram simplesmente impostos de maneira subjetiva em nossa realidade perceptiva. Se adentrarmos até mesmo em determinadas festividades tidas como brasileiras, veremos que nada mais são do que meras importações da cultura estadunidense. Assim, a festa do peão boiadeiro, que tem predominância no interior de São Paulo, nada mais é do que uma festa traduzida para a nossa realidade a partir das atividades dos *cowboys* estadunidenses fartamente exibidos em seus filmes de entretenimento. Também temos a festa de Halloween, como citado anteriormente, reproduzida em nossa realidade brasileira e praticamente incorporada ao nosso calendário cultural, sem que se tenha alcance mínimo de seu significado, nem tampouco do que envolve sua realização e até mesmo do sentido do período do ano em que tal festividade acontece.

Um dos aspectos predominantes das produções hollywoodianas a demostrar a transmissão dos valores da *american way of life* é a presença praticamente obrigatória da bandeira estadunidense em várias tomadas de seus filmes. Assim, independentemente da trama apresentada, ou mesmo do local em que o enredo aconteça, a bandeira dos EUA será exibida como um troféu a mostrar sua origem e mesmo seus tentáculos de abrangência. De outra parte, em simples reflexão sobre como os brasileiros relacionam-se com a própria bandeira, basta vermos que, de maneira geral, sente-se orgulho das cores nacionais apenas e tão somente em ocasiões em que a seleção brasileira de futebol exibe-se em torneios mundiais. Nessas ocasiões, bandeiras são pintadas nas ruas e nas fachadas das casas. As janelas ostentam bandeiras em profusão praticamente alucinantes, e até mesmo a vestimenta das pessoas apresenta predominância de verde e amarelo. Passadas essas ocasiões, os brasileiros parecem agir como se sentissem vergonha de suas cores, e curiosamente a combinação de cores mais usadas pelos brasileiros, principalmente entre os mais jovens, é justamente a de arranjos em que se mesclam as cores vermelho e azul. É dizer que em níveis subjetivos a única coisa da qual temos orgulho é a nossa seleção masculina de futebol. Ademais, nada do que seja brasileiro tem qualquer importância. Se adentrarmos então na seara de produções cinematográficas, vemos que o desdém, até mesmo de cinéfilos, pela produção brasileira é simplesmente irascível.

No entanto, é importante frisar que esse processo de banalização não é exclusivo do cinema; ao contrário, todos os segmentos artísticos passam por esse mesmo processo. Assim, podemos ver, por exemplo, o que ocorre com a música de qualidade completamente alijada de qualquer contexto para que as produções medíocres e igualmente descartáveis ganhem espaço. É assim no Brasil, na Europa, nos EUA e onde quer que se queira arrolar. A impressão que se tem é que não mais existe espaço para obras que necessitem de requintes de qualidade e aprumo em suas concepções. As expressões e manifestações artísticas que apresentem qualidade e requinte de elaboração em seus bojos precisam conquistar espaços de maneira eloquente e até mesmo heroica.

A indústria de entretenimento hollywoodiana nada mais faz que apenas e tão somente sequenciar essa tendência. Ela repercute com mais intensidade por veicular, muitas vezes, até mesmo esse tipo de ocorrência em suas tramas. Na realidade, também é fato que, ao determinar padrões descartáveis às suas produções, ela vai ao encontro de diferentes segmentos que aderiram a esse padrão de imediatismo contemporâneo. Os efeitos dessa tendência em nossa subjetivação certamente são desastrosos, pois podemos concluir, sem qualquer margem de erro, que a vida estressante da contemporaneidade fundamenta-se na imposição dessa noção de imediatismo em nossa subjetivação. Tudo precisa ser feito com pressa e urgência. Nada pode ser feito de maneira pausada, sem urgência e atropelo. E tudo, absolutamente tudo, passa a ser considerado velho e obsoleto. Um filme com mais de cinco anos de produção já é considerado velho e superado. E por mais que o cinema seja uma arte atemporal, essa noção de imediatismo e de descartabilidade também é passada para os jovens que, de alguma forma, aproximem-se das produções cinematográficas. Como citamos anteriormente, à medida que os padrões hollywoodianos são considerados como parâmetros de qualidade, um filme precisa trazer esse componente para que tenha aceitação do público em geral.

Diante de uma projeção cinematográfica

Uma luz é lançada na tela de projeção. Imagens surgem e nos envolvem em um quase transe onírico. Existe uma separação corpórea entre mim e a imagem projetada. Estou preso na cadeira sendo invadido por imagens, sons e todos os recursos e efeitos de um filme. Se o meu corpo está separado, a minha realidade sensitiva, no entanto, lança-me de forma total ao conteúdo do filme. Passo a fazer parte da história e vivo as emoções que são lançadas pelas personagens do filme. Deixo de ser mero espectador para viver, durante minutos e horas, a realidade do enredo exibido. Choro de emoção com as lágrimas dos protagonistas; rio de alegria com as conquistas exibidas; experimento raiva, ódio, excitação sexual, piedade, amor e toda a gama de sentimentos inerentes à condição humana. Sou lançado a um turbilhão de emoção que me extrai totalmente de minha realidade de vida para ser, durante aquele período de projeção, mero protagonista da trama exibida.

Esse fenômeno em que deixo minha condição existencial para ser transportado ao enredo é um dos maiores fascínios propiciados por um filme. Deixamos nossa realidade para nos incorporarmos totalmente ao enredo do filme. E isso não depende de qualquer condição social, econômica ou de qualquer outra natureza. Basta que tão somente nos entreguemos ao mero ato de assistir ao filme em todas as suas peculiaridades. Aqui reside a grande diferença de um filme a que assistimos no cinema e outro a que assistimos no limite de nossa casa. No cinema simplesmente ocorre um hiato, uma pausa em nossa vida. Do início ao fim do filme, estamos absortos ao enredo. Nada irá nos interromper naquela sequência de minutos e horas. Diferentemente de um filme assistido em casa, em que sua concentração é interrompida por um telefonema, por conversa de familiares, ou até mesmo para se continuar assistindo em outro momento, por cansaço ou qualquer outra razão.

Ao ser transportado para o enredo, minha condição pessoal, ao menos naqueles momentos do filme, perde sua consistência. E tudo, absolutamente tudo o que me envolve passa a ser o enredo e seus constitutivos. Assim, por exemplo, mesmo quando sei de modo apriorístico que a personagem principal morrerá ao fim do filme, ainda assim, irei sofrer por sua dor e por seus desatinos. A ideia de um saquinho de pipocas e um refrigerante nas mãos para se assistir a uma sessão de cinema de modo inconsequente é algo idealizado, e que dista da maneira como um filme pode nos arrebatar de modo indefensável.

Pois um filme, ainda que faça parte do rol de produções banalizadas pela indústria hollywoodiana de entretenimento, pode nos tocar a alma de modo profundo e irreversível. Ao nos lançarmos no enredo sem controle das próprias sensações, estamos vivendo algo único, que nos faz parte daquele enredo. Isso em que pese a trama ser até mesmo de outros séculos e elementos constitutivos. Tudo a nos envolver não encontra defesa em nossas emoções.

Um filme é algo que nos envolve sem a necessidade de qualquer conhecimento técnico apriorísticos. E isso apesar de todos os recursos presentes na concepção de uma obra para valorizar o enredo propriamente dito, bem como para dar-lhe também ênfase e destaques em momentos, por assim dizer, cruciais na trama exibida. No entanto, inegavelmente, o conhecimento dos recursos utilizados para dar ênfase ao enredo torna-o ainda mais fascinante. Uma obra cinematográfica é algo que, ao assistirmos, não nos deixa impunes. Somos levados a um turbilhão de emoções e reflexões que seguramente podem, muitas vezes, até nos transformarem emocionalmente de maneira radical. Também é fato que, mesmo os filmes hollywoodianos, que são produzidos com a intenção clara de ser apenas um breve momento de entretenimento, podem trazer mudanças significativas em nossas vidas.

Meu campo perceptivo diante de uma projeção cinematográfica abre-se para possibilidades muito além do meu próprio imaginário. Não tenho como estabelecer limites e parâmetros ao que irei sentir diante de determinado filme. Mesmo que estabeleça parâmetros de estética, ou de qualquer outro constitutivo para análise de determinada obra, o que de fato sentirei apenas e tão somente diante dela saberei. Merleau-Ponty[22] coloca *que falamos sumariamente de uma reversibilidade do vidente e do visível, do tacto e o tangível. É tempo de sublinhar que se trata de uma reversibilidade sempre iminente e nunca realizada de fato.* É dizer que, enquanto possibilidade, os desdobramentos que podem ocorrer diante de um filme não se configuram como realidade na quase totalidade das vezes.

Embora sempre do mesmo lado de meu corpo, esse não é um além de mim, e se me oferece sob uma perspectiva variável. E isso se rompe

[22] MERLEAU-PONTY, M. *O visível e o invisível.* São Paulo: Perspectiva, 1971.

na maneira como sou projetado à vivência da trama de um filme. Essa condição de me ouvir e ser ouvido perde-se nessa transcendência que o filme me lança. E se não me ouço como ouço aos outros, diante de um filme a minha audição perde-se e transforma-se na fala dos personagens.

A visão, em meu ser totalmente silencioso a captar imagens e sonoridades dos mais diferentes matizes, nada mais é que uma maneira singular de me levar a dimensões que a racionalidade não apenas não comporta, como sequer possui condições de defini-la.

Colocamos, em texto anterior,[23] que um corpo que dorme nunca está completamente encerrado em si, jamais é inteiramente dormido no sentido de que alterações fisiológicas significativas, vontade de urinar, por exemplo, serão sentidas e levarão esse sujeito a despertar para satisfação dessas necessidades. Tais condições equivalem-se diante de uma projeção cinematográfica, pois, ao mesmo tempo que estou absorto em uma vivência de outra época, minha realidade temporal permanece nesse constitutivo corporal que me encerra em minha realidade. A manifestação de vida pode ser dormente diante da trama exibida, mas principalmente minha emoção está ativa, em rompantes possíveis apenas e tão somente pela magnetização provocada por um filme. Merleau-Ponty[24] ensina que, *sob a solidez da essência e da ideia, há o tecido da experiência, essa carne do tempo, e é por isso que não estou certo de ter perfurado até o núcleo duro do ser; meu incontestável poder de tomar terreno, de extrair o possível do real não vai até dominar todas as implicações do espetáculo e fazer do real uma simples variante do possível.* Ao contrário, tudo o que é projetado são as variantes para substituir minha racionalidade diante do apreendido pela minha percepção. Substituo, assim, os outros momentos de minha realidade que se tornam adormecidos por momentos e, para captá-los, privar-me-ia precisamente desse mergulho propiciado pela projeção cinematográfica.

Em trabalho anterior,[25] pontuamos que pode se tornar distante do próprio corpo no processo de transcendência, projetando-se para além de sua presença imediata no mundo circundante. Nesse aspecto, é possível serem concebidos os diferentes significados que a ele são dados, muitas vezes configurações que ultrapassam não só os limites de corporeidade,

[23] ANGERAMI, V. A. *Psicoterapia e subjetivação*. São Paulo: Cengage Learning, 2006.

[24] *O visível e o invisível*, *op. cit.*

[25] ANGERAMI, V. A. *Psicoterapia existencial*. Noções básicas. Belo Horizonte: Artesã, 2017.

como também aspectos do próprio significado da vida. A emoção sentida diante de um filme e a maneira por que somos atirados a um turbilhão infindável dos mais diferentes sentimentos não podem ser descritas nem mesmo balizadas em enquadramentos racionais, seja pela oralidade ou ainda pela palavra escrita. A própria concepção do corpo como expressão de uma determinada historicidade, num determinado contexto social, perde-se e esvai-se totalmente diante do arrebatamento provocado por um filme.

Fragmentos de emoção a nos envolver em dimensões que a razão não tem como alcançar, e sequer balizar. Se temos diante de nós imagens que nos envolvem e nos fazem sair de nossos limites corpóreos, lançando-nos a terrenos em que a percepção não encontra definição, temos também detalhamentos que, enfeixados, direcionam-nos para um conjunto infinito de emoções.

A maneira como um filme vai nos envolvendo sorrateiramente ao longo de sua projeção é algo que certamente é direcionado pela maneira como as cenas são concatenadas e como elas articulam-se entre si na criação das expectativas que provocam. Cada detalhe é articulado e sedimentado, em uma somatória de imagens e estímulos, que certamente nos provocam um conjunto de emoções simplesmente indefiníveis, e até mesmo inimagináveis, antes do início da trama. E por mais que possamos saber antecipadamente detalhes da trama, ainda assim, certamente a emoção que o filme provocará é algo que jamais poderá ser definido aprioristicamente antes de sua exibição.

Envoltos, não nos atentamos a um dos principais recursos utilizados pelos diretores que é a alternância das câmeras, que se abrem em diferentes planos para dar mais ênfase ao que está sendo projetado. A câmera em plano fechado capta a emoção de um olhar lagrimoso, e me leva igualmente às lágrimas. A câmera em plano aberto descortina um horizonte em que aprecio não apenas a paisagem, mas também o esplendor da emoção que invade minha alma.

O fascínio dos planos de câmeras

John Ford foi um dos maiores diretores da história de cinema. É atribuída a ele a introdução da câmera em plano aberto.[26] Seus filmes

[26] *A compreensão da saúde por intermédio de filmes, op. cit.*

eram predominantemente os *westerns*, e com breves incursões em outros gêneros. Desde então, seja focando estouros de boiadas, ou o esplendor das paisagens que circundavam seus filmes, a alternância das câmeras em plano aberto e plano fechado é marca significativa de suas obras. Entre os filmes imperdíveis a todos que desejem se debruçar sobre uma compreensão pormenorizada da história do cinema, temos uma das obras-primas de John Ford, o maravilhoso *Rastros de ódio.*[27] Nessa obra, a alternância das câmeras em plano aberto para focos precisos de câmeras em plano fechado é um espetáculo além de maravilhoso, algo essencial para todos que queiram se inteirar da história da cinematografia mundial. Em uma de suas obras em que saiu do estilo *western*, *Como era verde o meu vale*,[28] cuja trama narra a vida de uma pequena aldeia que circundava toda sua atividade econômica e social a partir de uma mina de carvão, temos, além do estupendo jogo de câmeras que caracterizou toda sua obra, algo de inovador no tocante à música tema do filme. Nessa obra, o autor da música Alfred Newman, além do tema principal, colocou, em inúmeras cenas, canto polifônico em três ou quatro vozes, sem acompanhamento instrumental. Tais cantos são inseridos de tal maneira que a impressão é que são os personagens que estão cantando. Espetáculo lindíssimo e que dá uma nova dimensão à própria trama em intensidade e dramaticidade.

Desde suas obras, houve um direcionamento no uso de câmeras para se enquadrar a emoção através de focos mais precisos com a câmera em plano fechado, e a partilha do ambiente com a câmera em plano aberto. Isso faz com que determinadas tramas tenham seus enredos valorizados justamente por esse jogo entre os focos das câmeras.

Sergio Leone, depois de relativo sucesso com vários filmes dos mais variados gêneros, cria uma díade que se tornaria antológica na história do cinema, os estupendos *Era uma vez no Oeste*[29] e *Era uma vez na América.*[30] Ambos possuem a música maravilhosa de Ennio Morricone e a fotografia do diretor Tonino Delli Colli. Em *Era uma vez no Oeste*, Leone segue à risca o fantástico jogo de câmeras trazido à cena por John Ford. Com

[27] FORD, J. *Rastros de ódio, op. cit.*

[28] FORD, J. *Como era verde o meu vale*. São Paulo: Fox Vídeo do Brasil, 2007.

[29] LEONE, S, *Era uma vez no Oeste*. São Paulo: Paramount Filmes, 2004.

[30] LEONE, S, *Era uma vez na América*. São Paulo: Warner Bross, 2005.

imagens de câmera em plano aberto nas paisagens mais estupendas, com vales, planícies e montanhas, ele apresenta um espetáculo lindíssimo nesse quesito. Na alternância dos planos em câmera aberta, ele também nos brinda com câmeras em plano fechado, mostrando olhares, feições, expressões faciais, de mãos, gestuais e um sem-número de detalhes em que suas câmeras estão em harmonia com a fotografia simplesmente fantástica, a emoldurar a emoção de modo único. Leone também inclui nessas obras cenas contemplativas, no mais autêntico estilo do cinema japonês, em que imagens são fixadas por segundos, e às vezes até minutos, para que sejam apreciadas em todo o seu esplendor. Sempre com a música de Ennio Morricone a tornar ainda mais lindas as imagens apresentadas.

Luchino Visconti é considerado como o diretor que melhor transcreveu obras de literatura para as telas cinematográficas. Como fiel seguidor do uso e manejo dos usos de câmeras, fez de sua obra referência de excelência. Como exemplo da grandiosidade de sua arte, temos o estupendo *Morte em Veneza*,[31] filme em que transportou para a tela o magnífico romance de Thomas Mann e no qual faz uso desse jogo de câmeras de modo único. Com o uso também do recurso de *zoom*, traz imagens dos planos de câmera aberta para o plano fechado, focando emoções e o próprio ambiente de maneira admirável.

Martin Scorsese é um dos mais fascinantes diretores da contemporaneidade. É autor de inúmeros filmes que marcaram gerações, inclusive um que faz parte da história do cinema, justamente por suas fantásticas intervenções de câmeras e enquadres, o estupendo *Touro indomável*.[32] Filme de enredo muito forte em que é retratada a trajetória de um lutador de boxe desde seu auge até a decadência, o recurso do jogo de câmeras torna-se um espetáculo à parte e faz desse filme uma verdadeira referência a todos que busquem um detalhamento sobre esse recurso. Em outro filme seu, o magnífico *Ilha do medo*,[33] ele apresenta as câmeras girando em torno das personagens em diversas passagens do filme. Algo igualmente inusitado, que nos deixa atônitos e sem referências de onde se localiza o ponto de foco das personagens.

[31] VISCONTI, L. *Morte em Veneza*. São Paulo: DVD Versátil, 2004.

[32] SCORCESE, M. *Touro indomável*, *op. cit.*

[33] SCORSESE, M. *A ilha do medo*. São Paulo: Paramount Brasil, 2014.

Esses recursos de câmeras fazem com que sejamos levados para arroubos de emoção em que nossa subjetivação capta seus efeitos sem se dar conta da magnitude desse processo a nos envolver. Não é necessário o conhecimento técnico para que esses recursos produzam em nossa subjetivação o intento desejado pelo diretor da obra. A esse jogo de câmeras, na quase maioria das vezes, alia-se também o recurso da música para dar mais ênfase ao que é exibido.

A transcendência corpórea através da trama cinematográfica

Merleau-Ponty[34] assevera que *não é nunca o nosso corpo objetivo que movemos, mas nosso corpo fenomenal, e isso sem mistério, porque já era nosso corpo, enquanto potência de tais e tais regiões do mundo, que se levantava em direção aos objetos a pegar e que os percebia.* É dizer que transcendemos nossa própria condição quando nos percebemos como fenômenos além de nossa própria realidade corpórea. Nesse sentido, o fenômeno que nos lança na trama de uma projeção cinematográfica é algo além da condição corpórea, inserindo-se no enfeixamento do imaginário com sensações perceptivas das mais variadas.

Digo que meus olhos veem, e que minha percepção e todos os meus sentimentos estão envoltos na trama que se descortina à minha frente. Mas essas expressões são ingênuas e não traduzem minha experiência verdadeira. Pois simplesmente ao tentar descrever o que determinado filme me provocou, estou a utilizar a razão e distancio-me da verdadeira emoção sentida durante a projeção.

Cada sensação, sendo rigorosamente a primeira, a última e a única de sua espécie, é, por assim dizer, um nascimento e uma morte. Sensações que dependem de uma sensibilidade para apreender o que é mostrado na projeção cinematográfica. Sensibilidade que a precedeu, e que sobreviverá a ela, mas que é o determinante do que será captado e enfeixado no conjunto das emoções. Entre minha percepção e minha consciência, há sempre uma textura de um saber originário que impede, muitas vezes,

[34] MERLEAU-PONTY, M. *Fenomenologia da percepção*. São Paulo: Martins Fontes, 1999.

que minha experiência seja clara para si. E por consequência também para mim.

O conjunto de fatores que estarão presentes em um dado momento de uma vida determinará uma variável muito grande de sensações e emoções. Se, numa mera citação, estiver assistindo a um filme depois da morte de um ente querido, provavelmente minha sensibilidade estará bem diferente de uma situação em que não esteja enlutado. É dizer que, mesmo em um dado sujeito, as sensações diante de um filme irão variar de acordo com suas condições emocionais. Quando temos a imensidade de variáveis presentes em nossa subjetivação, o que se tem é que um mesmo filme será diferente, não apenas para diferentes espectadores, mas igualmente para uma mesma pessoa a depender de sua condição emocional. Isso sem dizer quando temos a oportunidade de ver o mesmo filme em diferentes períodos de nossa vida. Um filme assistido na adolescência terá outro constitutivo ao ser assistido na vida adulta. Outros valores darão nova formatação tanto à emoção vivida, como à apreensão de filigranas presentes na obra. Merleau-Ponty[35] assevera que, *quando me pergunto o que é o algo, ou o mundo, ou a coisa material, não sou ainda o puro espectador que, pelo ato de ideação, virei a ser; sou um campo de experiências onde se desenham somente a família das coisas materiais e outras famílias, e o mundo como seu estilo comum.* É dizer que minha apreensão da realidade é circunstante à minha realidade sensitiva, a qual, mais do que a minha realidade corpórea, que se transforma ao longo da vida de maneira notória, também vivencia mudanças verdadeiramente mais significativas. De maneira muito simplista, podemos dizer que o livro mais espetacular que li na vida aos vintes anos de idade hoje pode ser algo sobre o qual sequer consigo novamente me debruçar. Assim também ocorre com filmes, música e um sem-número de vivências que perdem vigor com o nosso desenvolvimento ao longo da vida.

Da mesma forma, não posso analisar coisas que me encantavam em outros períodos com a percepção de hoje, pois seguramente, além das mudanças significativas que se processaram em mim, tenho também a somatória de muitas outras informações que serão novos parâmetros de balizamento.

[35] *O Visível e o invisível, op. cit.*

Fassbinder – O jogo de espelhos na realidade cinematográfica

O alemão Rainer Fassbinder, presença indiscutível entre os grandes diretores mundiais, utiliza um recurso de espelhos em alguns de seus filmes, o que faz com que sua penetração em nossa subjetivação seja única. Ele coloca suas personagens próximas a espelhos. E faz um jogo em que não se percebe quando a câmera, sempre em alternância nos planos abertos e fechados, foca o espelho ou as personagens. Somos introduzidos em nossa percepção por algo que, além da própria trama, direciona-nos a uma participação que vai da subjetivação à objetivação nesse enredamento. Somos lançados à emoção vigente na trama, no espelhar a que ele expõe as personagens e nos enfeixa de modo irrebatível. A penetração subjetiva que ele efetiva deixa-nos enfeixados no próprio enredo, não havendo mais separação entre o que assistimos e nossas emoções. São filmes de enredos fortes, geralmente criados pelo próprio Fassbinder, e que têm a condição de espelhar nossas emoções, lançando-as na tela de projeção de modo simplesmente singular. Se afirmamos anteriormente que diante de um filme simplesmente somos lançados na vivência da trama, na obra de Fassbinder nossas emoções projetam-se e causam reflexões que sequer podíamos conceber em nós.

Embora minha posição na cadeira seja estática com apenas alguns movimentos para acomodação do corpo, na realidade meu imaginário me lança para a trama sem qualquer titubeio. Meus olhos contemplam a paisagem exibida no filme, e minha emoção acompanha o desenrolar do que se desfia no que é projetado. Torço com ardor para que a trama tenha final feliz, e me desespero diante dos percalços vividos pelas personagens. Nada pode me impedir de viver intensamente a emoção na qual a história me lança. Em posição estática, mas viajando para horizontes inatingíveis pela razão. Apenas a emoção contempla essa vivência de modo pleno e único.

A significação do sensível ao que está sendo apreendido diante de um filme é o determinante da emoção que nos envolve. A síntese perceptiva não é da mesma natureza que a síntese intelectual. Elas sequer guardam similaridades, pois a perceptiva integra o bojo do sensível, enquanto a intelectual apropria-se da razão. Há certa significação em dizer que vejo sons e ouço cores, pois estamos falando de uma modalidade perceptiva da condição humana. É dizer que, ao afirmar que vejo determinado som, este faz eco por todo o meu ser sensorial e, em particular, através desse sensível em mim mesmo, que é capaz de identificar as cores. A experiência de se assistir a um filme dublado em português mostra a total falta de sincronia entre a fala e a imagem. A sensação que se tem é que se fala outra coisa muito diferente daquilo que está sendo exibido. De suas obras podemos citar *Lola,*[36] *Lili Marlene,*[37] *O desespero de Veronika Voss,*[38] *Roleta chinesa,*[39] *A terceira geração,*[40] *Martha,*[41] *As lágrimas amargas de Petra Von Kant,*[42] entre tantas obras com que esse gênio brindou-nos, apesar de sua morte precoce, aos 37 anos de idade, em decorrência de suicídio.

Almodóvar – A ilusão das cores

Pedro Almodóvar, um dos grandes diretores contemporâneos, e igualmente grandioso no rol dos maiores de todas as épocas, notabilizou-se, entre outras questões, por inserir em seus filmes um padrão de cores inigualável. Cores fortes, que trazem paixão à trama e acima de tudo configuram como sendo um detalhamento de emoção acrescida ao seu protagonismo maior de enredo da trama. Ele se utiliza da força das cores para dar uma ênfase ainda maior às suas tramas, geralmente muito fortes e desconcertantes aos padrões do que se vê comumente nas produções cinematográficas. Ele criou tramas que, ao mesmo tempo que se passam em sua Espanha, universalizam-no pela força de sua criação. Nossa percepção se vê diante de cores tão intensas e arrebatadoras que nos tornamos simplesmente parte de algo que nos toca de modo indelével. Junto com essa particularidade das cores, temos tramas que certamente mudam nosso paradigma de vida e até mesmo nosso constitutivo de valores. Assim como se referir a algo como *felliniano* é dizer que esse

[36] FASSBINDER, R. *Lola*. São Paulo: DVD Versátil, 2008.

[37] FASSBINDER, R. *Lili Marlene*. São Paulo: DVD Versátil, 2008.

[38] FASSBINDER, R. *O desespero de Veronika Voss*. São Paulo: DVD Versátil, 2008.

[39] FASSBINDER, R. *Roleta chinesa*. São Paulo: Lume Filmes, 2012.

40 FASSBINDER, R. *A terceira geração*. São Paulo: Lume Filmes, 2012.

[41] FASSBINDER, R. *Martha*. São Paulo: DVD Versátil, 2008.

[42] FASSBINDER, R. *As lágrimas amargas de Petra Von Kant*. São Paulo: Cult Classic, 2012.

elemento está totalmente distante da realidade, fazer referência às *cores de Almodóvar* é dizer de uma beleza única, incomparável. Ele conseguiu fazer de seus filmes referências não apenas pela força das tramas apresentadas, mas também pelo jogo de cores nos diferentes ambientes retratados ao longo da trama.

Almodóvar *apud* Paula Angerami[43] pontua que um filme é uma obra de arte, quando sua fotografia, sua trilha sonora e seu enredo causam uma experiência profunda no espectador e impõem seu ritmo mal o filme comece a ser rodado – e é necessário segui-lo de forma muito concreta –, o que impede de voltar atrás ou de desenvolver um objeto paralelo, secundário. De sua obra podemos destacar *Tudo sobre minha mãe,*[44] *Fale com ela,*[45] *Carne trêmula,*[46] *A pele que habito,*[47] *Volver*, entre tantas obras maravilhosas que esse gênio inquieto e ousado, felizmente ainda em atividade, brindou-nos.

A percepção diante da imagem

Cada percepção de uma imagem envolve a possibilidade de sua substituição por outra tão logo seja apreendida na retina. Isso significa que pode haver não apenas a substituição, mas também a aproximação de uma série de ilusões criadas pelas imagens. Quando assistimos a determinado filme pela primeira vez, somos totalmente reféns do enredo. Envolvidos pela trama e ao bel prazer dos recursos utilizados para nos prenderem, magnetizados durante a projeção. Para se alcançar com mais precisão detalhes que fazem a obra em todo o seu esplendor, é necessário assistir outras vezes, ocasiões em que poderemos nos atentar para a preciosidade dos detalhes que compõem o filme. A vida torna-se imagens, e as imagens voltam à vida, sendo incorporadas em nossa subjetivação de maneira imantada.

[43] ANGERAMI, P. L. *O cinema na educação*. Perspectivas filosóficas a partir de John Dewey. Curitiba: Prismas, 2017.

[44] ALMODÓVAR, P. *Tudo sobre minha mãe*. São Paulo: Fox Films, 2008.

[45] ALMODÓVAR, P. *Fale com ela*. São Paulo: Fox Films, 2009.

[46] ALMODÓVAR, P. *Carne trêmula*. São Paulo: Fox Films 2010.

[47] ALMODÓVAR, P. *A pele que habito*. São Paulo: Paris Filmes, 2015.

Determinadas passagens de minha vida, por não serem um conjunto errante de sensações, trazem incorporadas em si as vivências como visíveis de coisas que se tornaram subjetivas e que foram apreendidas ao longo da vida, inclusive em sessões cinematográficas. A emoção sentida diante de um filme representa a ruptura com a própria objetividade da vida. Talvez aqui resida um dos quesitos que fazem com que os filmes ditos descartáveis da indústria hollywoodiana distanciem-se dos chamados filmes de qualidade. Existe uma preocupação na indústria de entretenimento em oferecer ao espectador, ao menos naqueles momentos de exibição do filme, a ilusão de que a realidade cáustica da vida tenha diferentes resoluções. Filmes com os chamados finais felizes, em que nos transportamos da realidade para nos deliciarmos com a ideia de felicidade que nos é mostrada. É sabido, por exemplo, que inúmeras pessoas, embora vivam relações amorosas intensas e prazerosas, sentem-se vazias por terem a sensação de não estarem vivendo algo tão glamoroso como os romances mostrados pela indústria hollywoodiana.

Isso tudo para dizer que, ao estabelecer novos parâmetros em nossas vidas, o cinema também nos direciona para a própria superação de alguns dos nossos limites. Tal qual um menino que acreditava ter superpoderes depois de ver um filme dos super-heróis, igualmente todos têm sua subjetivação efetivada, em alguns de seus detalhes, pela apreensão das tramas de várias obras cinematográficas transpassadas ao longo da vida. Merleau-Ponty[48] assevera que *a sensação, tal como a experiência a entrega a nós, não é mais uma matéria indiferente e um momento abstrato, mas uma de nossas superfícies de contato com o ser, uma estrutura de consciência, e em lugar de um espaço único, condição universal de todas as qualidades, nós temos com cada uma delas uma maneira particular de ser no espaço e, de alguma maneira, de fazer espaço.* É dizer que, ao vivermos determinadas sensações, e no caso específico na experiência do cinema, a nossa vivência deixará de ser abstrata para ser algo que se incorporará à nossa realidade subjetiva e dela fará parte de maneira indissolúvel. Nesse sentido, não é contraditório nem mesmo antagônico que cada sensação constitua uma pequena partícula dentro de um universo emocional ainda maior. Até mesmo por ser partícula, ela irá necessitar do todo e abrir-se-á a este.

[48] *Fenomenologia da percepção, op. cit.*

Na sala de projeção cinematográfica, se fecho os olhos por alguns instantes para absorver o esplendor de algumas imagens, ao reabri-los, o espaço visível aparecerá acanhado em relação ao espaço em que as imagens foram projetadas em meu psiquismo. A percepção dessas imagens em minha subjetivação certamente será muito mais rica e de muitas e variadas dimensões do que a própria realidade possa exibir. O espaço visível não poderá conter a magnitude das imagens que vivi com os olhos fechados em minha subjetivação.

O latido de um cão sem a sua imagem repercute em meu campo perceptivo de maneira a imaginar seu porte a partir da potência do latido. Ainda que tenhamos apenas a sonorização do latido, minha percepção dá conta de estabelecer o contorno da imagem. Da mesma forma, o som de uma brusca e intensa freada de veículo leva-nos a sequenciar o som para o ruído estrondoso de uma colisão. As imagens são induzidas pelo som, e nossa percepção acompanha a sequência estabelecida pela trama em seus detalhes, que nos levam a imaginar além do que as imagens reproduzem, e ainda a conceber constitutivos que transcendem até mesmo o que está sendo exibido por meio das imagens.

No lugar em que moro, na Serra da Cantareira, é possível saber que o dia está alvorecendo pela algazarra matinal dos pássaros. É um espetáculo tão maravilhoso que, ainda que eu esteja na penumbra do quarto e com a janela fechada, posso imaginá-los e vê-los saltitantes de galho em galho, anunciando que o Sol está rompendo a neblina. Da mesma forma, o espetáculo magnífico de o Sol romper a neblina pela manhã possui tal esplendor que a repetição não cansa, e isso é algo que basta fechar os olhos para ter essas imagens em minha mente e sentir emoção muito grande. Certamente não a mesma emoção de quando presencio, mas muito fascinante sempre. Esse conjunto de imagens, se projetadas em uma trama cinematográfica, certamente serão um sequencial de emoções em que os sons se contrapõem às imagens, formando um universo onírico indescritível.

Nessa subjetivação, de outra parte, é que os aspectos da nossa percepção apreendem o que é exibido na tela e tornam-no parte inextricável de nosso ser, integrando-o na totalidade de nosso ser. Merleau-Ponty[49] coloca que, *se minha consciência constituísse atualmente o mundo que percebe,*

[49] *Ibidem, op. cit.*

dela a ele não haveria nenhuma distância e, entre eles, nenhuma defasagem possível; ela o penetraria até em suas articulações mais secretas, a intencionalidade nos transportaria ao interior do objeto, e com isso o percebido não teria a espessura de um presente, a consciência não se perderia, não se enviscaria nele. É dizer que, diante de uma sequência cinematográfica com os recursos de música, fotografia, imagens, temos uma consciência ampliada do mundo, e a própria realidade adquire contornos de subjetivação ainda mais amplos em sua magnitude. E de aspectos que serão determinantes da maneira como o filme pode ser apreendido e codificado em minha subjetivação no tanto que coincide ou, ao contrário, colide com meus valores pessoais.

Certamente a maneira como um filme toca-nos em termos emocionais é o tanto que nossa subjetivação apreende da emoção que o diretor tentou transmitir à sua obra. Da mesma maneira, podemos considerar que a efetivação de determinadas nuanças que nos tocam de maneira significativa são aquelas captadas por nossa percepção e que vão ao encontro de valores preciosos à nossa subjetivação. Isso é o determinante para que um mesmo filme, visto por uma mesma pessoa em diferentes momentos de sua vida, apresente sensações e percepções totalmente díspares, antagônicas, e até mesmo totalmente irreconhecíveis entre si. Até mesmo um filme visto simultaneamente por duas pessoas diferentes pode apresentar conclusões e sensações totalmente excludentes entre si.

Na realidade, quando temos diante de nosso campo perceptivo uma obra a ser apreciada, é nossa subjetivação com todo seu constitutivo que irá dar contornos e formas a ela. Seja um filme, quadro, música, livro e tudo que se quiser arrolar, sempre o balizamento da emoção é dado pela historicidade que permeia nossa subjetivação. O poeta decanta a Lua em prosa e verso pelo esplendor de seu brilho e o fascínio do luamento; o astrônomo explica sua relação com a Terra em seu movimento de rotação. Simples assim.

Bergman – A mais profunda imersão da alma humana do cinema

Ingmar Bergman, diretor sueco, citado anteriormente, e considerado por muitos o maior diretor de todos os tempos, tinha na genialidade de sua produção justamente a imersão na alma humana como poucos conseguiram. Dando ênfase aos sentimentos emanados nas tramas, seus filmes geralmente são de diálogos intensos e de forte comoção emocional. Como poucos, explorou o aflorar da emoção. Em um de seus filmes, inicialmente feito para a TV, *Cenas de um casamento*,[50] há um casal que está se separando e tem um diálogo simplesmente fantástico. Filme projetivo em que nos lançamos nas questões levantadas pelos diálogos e tornamos nossa a história que está sendo apresentada. Filme em que a alternância de câmeras oscila entre dois focos, nas personagens que exaustivamente defendem seu posicionamento frente ao esgarçamento do relacionamento.

Assim como em outras obras, o modo como aprofundou os detalhamentos da emoção humana faz com que seja referência sempre presente quando falamos da emoção presente em uma projeção cinematográfica. Embora sua marca maior sejam os diálogos empreendidos em grande parte de seus filmes, não significa, de outra parte, que ele não imprimiu situações de ação à suas tramas.

Sobre Bergman paira um dos episódios mais surpreendentes e inusitados na história do cinema. Havia sobre seus filmes uma crítica ácida de que ele não cuidava da parte musical com o esmero que suas tramas mereciam. Ele utilizava músicas dos grandes compositores, principalmente Bach e Beethoven, e não tinha um compositor a elaborar músicas próprias para seus filmes, assim como ocorre com a maioria dos diretores. De repente, ele, que sofria tais críticas pela música de seus filmes, apresenta uma filmagem de uma das maiores óperas de todos os tempos, *A flauta mágica*,[51] de Mozart. E simplesmente se torna a maior produção operística já realizada pelo cinema. A genialidade da arte de Bergman, envolta na divindade da música de Mozart, é simplesmente indescritível. Os que o criticavam pela precariedade ou ausência de música em seus filmes simplesmente tiveram que se aquietar para sempre. Além dos filmes citados acima, podemos destacar de sua vasta produção *O sétimo selo*,[52] *Fanny e Alexander*,[53] *Gritos e sussurros*,[54] *Morangos silvestres* e *Ovo da serpente*.[55]

[50] BERGMAN, I., *Cenas de um casamento*. São Paulo: DVD Versátil, 2006.

[51] BERGMAN, I. *A flauta mágica*. São Paulo: DVD Versátil, 2006.

[52] BERGMAN, I. *O sétimo selo*. São Paulo: DVD Versátil, 2006.

[53] BERGMAN, I. *Fanny e Alexander*. São Paulo: Europa Filmes, 2012.

[54] BERGMAN, I. *Gritos e sussurros*. São Paulo, DVD Versátil, 2006.

[55] BERGMAN, I. *O ovo da serpente*. São Paulo: DVD Versátil, 2010.

A questão da temporalidade diante de um filme

Merleau-Ponty[56] coloca que *o instante do tempo natural não fixa nada, ele deve imediatamente recomeçar, e, com efeito, recomeça em outro instante. É dizer que a realidade de temporal que estabelecemos em nossa vida determina dias, horas, semanas e toda uma configuração temporal.* No entanto, diante de uma projeção cinematográfica, não temos o tempo circundando a nossa realidade temporal. Podemos saber que determinado filme tem duas horas de duração, mas durante sua projeção esse tempo não será vivido da maneira usual. O filme transporta-me para uma condição sem parâmetros temporais durante sua exibição, e não temos como sequenciar a passagem do tempo por estarmos simplesmente imersos na magnitude da obra exibida. Da mesma forma, quando a trama exibe situações temporais em que a personagem, em situação de minutos, precisa decidir coisas importantíssimas, vivemos a angústia desse momento na contagem de tempo que é exibida. Ou ainda em situações em que uma personagem está em risco de vida, depende de outra para lhe salvar, e o tempo para isso é escasso. Certamente, nossa emoção faz com que não apenas nos transportemos para o enredo, como também soframos as agruras vividas na tela.

A explicação de que uma imagem é apreendida pela retina para depois ser codificada em várias outras partes do organismo, desde o cérebro para a nossa totalidade, simplesmente se esvai quando nos vemos diante da emoção arrebatadora provocada pela magnitude das imagens de um filme. Tudo o que se enquadra na racionalidade simplesmente desmorona, quando somos arrebatados pelo frenesi provocado por uma cena inquietante e arrebatadora.

Merleau-Ponty[57] afirma que *não haveria pensamento e verdade sem um ato pelo qual eu supero a dispersão temporal das fases do pensamento e a simples existência de fato de meus acontecimentos psíquicos, mas o importante é compreender bem esse ato.* O tempo transposto para a regulação humana através de segundos, minutos e horas não é o tempo vivido diante de uma projeção cinematográfica. Ainda que eu saiba aprio-

[56] *Fenomenologia da percepção, op. cit.*

[57] *Ibidem, op. cit.*

risticamente que determinado filme terá duas horas de duração, o meu envolvimento estabelecerá temporalidade bastante diversa desse enquadramento de horário. A sensação vivida em termos temporais diante de um filme que nos arrebata a alma é que aquele período em que ocorreu sua projeção não transcorreu. Muitas vezes temos a sensação de que ainda estamos lançados na trama, mesmo depois que as luzes da sala se acendam, e na tela restem apenas as letras de créditos do filme. Duas ou três horas, trinta minutos, cinco minutos, não temos como cronometrar a vida que transpassa durante a projeção de um filme. A vida que pulsa na emoção diante da trama e das imagens exibidas. Tudo é um farfalhar de emoção a se esvair na condição de transcendência da alma humana.

O encantamento da música na magia do cinema

Já foi dito incontáveis vezes que crítico de arte é alguém que não tem condição de ser artista, e por essa razão se põe a analisar e criticar os verdadeiros artistas. A cada vez que leio críticos e ensaístas escrevendo sobre a música no cinema, essa ideia torna-se verdadeiramente materializada. As críticas e classificações feitas à arte em geral destoam de seu verdadeiro sentido. E isso se torna ainda mais abismoso quando temos críticas sobre o enfeixamento da música com o cinema. Junção feita de delicadeza e preciosidade, que, na quase totalidade das vezes, não comporta definições conceituais que aprisionam seu expressionismo livre e sem amarras de qualquer natureza. É a resposta de Ennio Morricone, quando perguntado que linguagem de cinema ele buscava para suas músicas, e ele simplesmente respondeu que não entendia sequer o teor da pergunta. E vejam, estamos falando de Ennio Morricone, simplesmente um dos maiores compositores de toda a história do cinema, e que faz com Giuseppe Tornatore a mais perfeita harmonia já existente entre música e direção cinematográfica. Ou ainda Almodóvar, que diz que escolher a música para seus filmes é dar beleza a sua obra.[58]

Giovanni Rota Rinaldi, conhecido e consagrado como Nino Rota, era um compositor italiano, nascido no início do século passado

[58] STRAUS, F. *Conversa com Almodóvar.* Rio de Janeiro: Zahar Editores, 2008.

em Milão, Itália, em 1911, e falecido em Roma, em 1978. Compositor eminentemente clássico, compôs concertos para piano e orquestra, óperas, sinfonias, balés e diversas outras formatações orquestrais. No entanto, foi a partir de sua incursão no mundo do cinema que ele se tornou não apenas mundialmente conhecido, como também uma das maiores referências da história da sétima arte. Fez parceria com todos os grandes diretores de sua época, Luchino Visconti, Franco Zefirelli, Mario Monicelli, Francis Ford Coppola, entre outros. Mas foi sua parceria com Fellini que o tornou referência obrigatória em todos os compêndios da história do cinema. Embora algumas de suas trilhas sonoras para outros diretores, como a famosa trilogia de Francis Ford Coppola, *O Poderoso Chefão*,[59] sejam das melodias mais identificáveis de uma obra cinematográfica, é com Fellini que o binômio música e filme torna-se indivisível.

A música dá ênfase maior às cenas de uma trama. A dramaticidade de uma determinada cena, ou os detalhes de alegria, ternura, ou qualquer outro sentimento que se queira arrolar, tem na trilha sonora a complementaridade necessária para o enquadre da emoção pretendida pelo diretor para essa cena. O compositor terá o cuidado de criar uma sequência sonora que irá dar arroubo à cena de tal modo que, ainda que o espectador não tenha conhecimento técnico de tais fundamentos, tornar-se-á totalmente refém do efeito obtido por esse requinte sonoro.

Dissemos anteriormente que Bergman não tinha um compositor a fazer músicas específicas para seus filmes. Embora se utilizasse de músicas da mais alta qualidade e excelência, principalmente Bach e Beethoven, sempre houve uma indagação dos analistas a respeito da razão dessa lacuna. Especialmente como seriam as principais cenas de seus filmes, se houvesse um compositor a criar uma trilha sonora especial para a grandeza de sua obra.

Outro grande diretor que igualmente não se utiliza de um compositor específico para sua produção é Martin Scorsese. Na maioria das vezes, utiliza música de época para a grandiosidade de seus filmes. Ele é um diretor que se encontra no auge de seu esplendor produtivo, e essa questão também fica em aberto, ou seja, de como seriam seus filmes com um compositor específico.

[59] COPPOLA, F. F. *O poderoso chefão*. São Paulo: Paramount Brasil, 2010.

Em *Touro indomável*,[60] de outra parte, temos um maravilhoso tema de *Cavalleria Rusticana*, de Pietro Mascani, na abertura e no final da trama. Depois praticamente não temos mais a presença de música. Cena ou outra tem música de época, mas, na maior parte do tempo, ele provoca uma emoção inusitada, em que o silencio é quebrado por sons da trama em si. Nas cenas de lutas de boxe, temos, então, algo fascinante, pois o silêncio torna-se angustiante, sendo quebrado com o ruído dos golpes desferidos pelos lutadores e do entusiasmo da plateia que acompanha as lutas. Simplesmente único o efeito dessa alternância na subjetivação do espectador.

É fato, sem dúvida, que ele imprimiu uma característica própria na maioria de seus filmes em que a trilha sonora é ininterrupta com as falas, ficando acima das músicas ao fundo. Praticamente não há cena em que não tenha música em seus filmes. O magnífico *Cassino*,[61] como exemplo, tem trilha sonora de canções dos anos 60 e 70 do século passado, e praticamente inexiste cena em que as canções que marcaram a vida de tantas pessoas não estejam ao fundo. Muitas dessas canções são conhecidas do espectador e, muitas vezes, inclusive fazem parte da trilha sonora de suas vidas. O que temos então é uma fusão entre memórias e vivências afetivas do espectador com essas músicas, e a emoção advinda do próprio filme. Isso é algo sempre presente em seus filmes, e os tornam com similaridade bastante significativa entre sua obra.

A música surge como um recurso importantíssimo para fazer a conexão entre a força das imagens e a emoção que o diretor deseja imprimir a determinada cena. Temos uma gama enorme de filmes em que a música torna-se o próprio filme. Algumas são identificadas com o filme até mesmo por quem não assistiu a esse filme.

A música é parte integrante de um filme de modo indissolúvel e, ao ouvi-la separadamente, ela irá nos remeter de imediato a cenas e vivência dessa trama. Algumas músicas identificam o filme e tornam-se até mais conhecidas do que o próprio filme. Muitas pessoas, mesmo sem terem assistido ao filme, sabem a que película ela pertence. Exemplo magnífico dessa citação é o filme do diretor David Lean *A ponte do Rio*

[60] *Touro indomável, op. cit.*

[61] SCORSESE, M. *Cassino*. São Paulo: Universal Films, 2014.

Kwai,[62] cuja música de Malcolm Arnold muita gente identifica, cantarola junto quando é executada, e na maioria das vezes sequer viu o filme. Ou então, como citado anteriormente, a música de Nino Rota para a trilha sonora de *O Poderoso Chefão*,[63] filme a que muita gente não assistiu, e não apenas identifica a música à película, como também a canção tornou-se trilha sonora de qualquer referência que se faça a episódios envolvendo gangues e gângsteres. E ainda a música de John Willians para *ET – O Extraterrestre*,[64] de Steven Spielberg, cujo tema principal igualmente ressoa o filme até mesmo para quem não o assistiu. Também é de Steven Spielberg uma das melhores definições sobre a música no cinema. Perguntado sobre a importância da música de John Willians em seus filmes com a força de sua orquestração, ele diz que a música é muitas vezes o principal personagem de um filme. Claramente, diante de músicas tão esplendorosas que ilustram tantos filmes, essa definição é soberana. Pois, como dissemos anteriormente, muitas músicas mostram a materialidade de muitos filmes até mesmo para os que não os assistiram.

Outros ainda possuem na música uma força de tal monta que torna a trama ainda mais fascinante, e a memória afetiva de ambos se enfeixam de modo indissolúvel. Exemplo dessa afirmação é igualmente a música de Ennio Morricone para o magistral *Cinema Paradiso*,[65] de Giussepe Tornatore. Uma música maravilhosa a uma trama igualmente fascinante. Quando se diz que *Cinema Paradiso*[66] é um dos maiores filmes de todos os tempos, opinião essa de grande parte da crítica mundial, certamente a música contribui muito para essa configuração. Até mesmo a fotografia indescritivelmente estupenda de Lajos Koltai, seguramente um dos maiores diretores de fotografia da história do cinema, harmoniza-se com a música e com ela enfeixa-se para dar força única à trama. Ennio Morricone, compositor italiano nascido em Roma, em 1928, é um dos principais compositores para música de cinema de todos os tempos. Sua música está presente em filmes de diversos diretores e em centenas de

[62] *A ponte do Rio Kwai*. São Paulo: Warner Bross, 2002.

[63] *O poderoso chefão*, *op. cit.*

[64] SPIELBERG, S. *ET – O Extraterrestre*. São Paulo: Warner Bross, 2007.

[65] *Cinema Paradiso*, *op. cit.*

[66] *Ibidem*, *op. cit.*

filmes. Mas é com Giuseppe Tornatore que se forma um binômio indivisível, em que a música se harmoniza com a direção e trama de modo único e incomparável. Sem dúvida é a dupla mais fascinante e harmoniosa de toda a história do cinema.

Michael Curtz ocupa lugar de destaque na cinematografia mundial, principalmente pelo fato de uma de suas obras ser destaque em todos os *rankings* dos grandes filmes da história. Trata-se do monumental *Casa Blanca*,[67] em que temos a canção épica *As times go by*, de Dooley Wilson, e que igualmente identifica o filme até mesmo para quem não o assistiu. No entanto, antes dessa obra, ele era diretor de inúmeros filmes de aventuras em que, podemos inferir, foram laboratórios de experimentos para o uso de recursos, que seriam utilizados na elaboração de *Casa Blanca*[68] e que o colocariam no rol dos grandes diretores do cinema. Assim, em *As aventuras de Robin Hood*,[69] ele inova na projeção de imagens na sombra. E utiliza, então, o recurso de filmar uma luta de espadas cuja cena se concentra apenas na sombra provocada pela iluminação, e com os personagens fora do foco da câmera. A maestria desse recurso estaria também presente em outros de seus filmes, colocando-o como um dos precursores desse tipo de registro.

A música tem a condição única de se inserir em nossa memória afetiva e nos transportar para situações inusitadas quando de sua execução. Assim, se uma canção fez parte de momentos prazerosos da adolescência, ao ouvi-la, imediatamente me transporto para aqueles períodos. Por minutos, é como se não houvesse hiato entre passado e presente. Da mesma forma, uma música, ao ser associada a um filme, transporta-me a ele quando de sua execução. Os momentos de arrebatamento, medo, angústia tornam-se presentes diante de sua execução.

Gabriel Yared é um compositor libanês, nascido em Beirute, em 1949, que tem seu nome associado a vários grandes filmes da atualidade. Certamente figura entre os grandes nomes da cinematografia mundial por ter suas músicas inseridas em obras marcantes da atualidade. Embora não tenha parceira específica com qualquer diretor, sua música empresta

[67] CURTZ, M. *Casa Blanca*. São Paulo: Warner Bross, 2008.

[68] *Ibidem, op. cit.*

[69] CURTZ, M. *As Aventuras de Robin Hood*. São Paulo: Imagem Filmes, 2008.

emoção a grandes produções contemporâneas. É dele a trilha sonora de *O paciente inglês*,[70] do diretor Anthony Minghella, de *Betty Blue*,[71] de Jean-Jacques Beineix, *O amante*,[72] de Jean-Jacques Annaud, *Camile Claudel*,[73] de Bruno Nuytten, *Chocolate*,[74] de Roschdy Zem, *Sylvia*,[75] de Cristiane Jeffs, entre outras tantas obras maravilhosas. Ele conseguiu imprimir uma marca bastante interessante em sua obra, que é justamente a mescla entre a fusão da chamada música popular e a música clássica. Em *Betty Blue*, por exemplo, temos o tema principal do filme inicialmente apresentado em versão pianística, depois em versão orquestral, para finalmente termos a mesma música em conjunto contemporânea de guitarra, baixo, bateria, etc. Isso confere à sua obra um componente bastante peculiar, pois essa mescla faz com que tudo se mantenha em conformidade com a própria modernidade que se queira aferir a determinados filmes. Ele também assina a trilha sonora de *Coco Chanel e Igor Stravinsky*,[76] do diretor Jan Kounen. Nessa obra é mostrado o romance pecaminoso de Stravinsky com Coco Chanel. Aqui temos o enfeixamento de sua música com a de Stravinsky, e então um espetáculo musical incrivelmente belo.

Igor Stravinsky, entre os compositores que transitam pela música clássica e a música de cinema, é sem dúvida alguma o mais importante na seara da música clássica. Afinal, ele, juntamente com Claude Debussy, é um dos responsáveis pela chamada música clássica moderna, o período definido como impressionismo musical. A sua obra *A Sagração da Primavera* é grande referência a todos que se debruçam em busca de compreensão dos acordes dissonantes que atravessaram todo o século XX, com influência em todos os gêneros musicais. Inicialmente, ainda quando vivia na Rússia, compunha música para ballet, depois se mudou para Paris, quando, então, uniu-se ao grupo que gravitava em torno de Debussy, e passou a compor em outra dimensão harmônica. Ele viveu de 1882 até

[70] MINGHELLA, A. *O Paciente Inglês*. São Paulo: Imagem Filmes, 2001.

[71] BEINEIX, J. J. *Betty Blue*. São Paulo: Sony Pictures, 2005.

[72] ANNAUD, J. J. *O Amante*. São Paulo: DVD Versátil, 2014.

[73] NUYTTEN, B. *Camile Claudel*. São Paulo: Imagem Filmes, 2000.

[74] ZEM, R. *Chocolate*. São Paulo: Sony Pictures, 2006.

[75] JEFFS, C. *Sylvia*. São Paulo: Europa filmes, 2009.

[76] KOUNEN, J. *Coco Chanel e Igor Stravinsky*. São Paulo: Sony Pictures, 2003.

1971. E trabalhou praticamente até o fim de seus dias, compondo as mais variadas formas musicais. Ao contrário de outros compositores clássicos que não viveram o período do cinema, mas têm suas músicas transportadas para o cinema pela sua magnitude, Stravinsky assinou algumas trilhas sonoras com a própria mão. Mas o filme que verdadeiramente iria marcar sua presença no cinema é *Fantasia*,[77] grandiosa produção da Disney Produções, que, no entanto, usou a já consagrada *A Sagração da Primavera*. Essa música, apesar de toda sua importância para a música clássica, acaba se fundindo à obra de Walt Disney de modo indissolúvel. E muitos acreditam, inclusive, que ela havia sido composta para esse filme.

Debussy[78] não compôs música para cinema, mas uma de suas principais peças, *Clair La Lune*, é utilizada em inúmeros filmes dos mais diferentes matizes. Uma de suas principais peças sinfônicas, a estupenda *La Mer*, igualmente é parte musical de incontáveis filmes. Suas peças orquestrais estabelecem um marco divisório nos detalhes de orquestração melódica, assim como suas peças para piano. E são justamente utilizadas em filmes para emoldurar momentos de delicadeza e beleza estética. Sua música é tão fascinante que o ouvinte, para admirá-la e ser envolvido por sua magia, não precisa ter conhecimento sobre estética musical, tampouco sobre o virtuosismo de suas composições. Ele está presente

[77] DISNEY, W. *Fantasia*. São Paulo: Disney Produções, 2008.

[78] Claude Achille Debussy é um dos mais importantes compositores de música erudita contemporânea e de todos os tempos. Um de seus principais traços foi justamente o inconformismo com as estruturas musicais vigentes. A música inovadora de Debussy agiu como um fenômeno catalisador de diversos movimentos musicais em outros países. Pode-se mesmo afirmar que sua música inovadora estabeleceu novos padrões de harmonia dissonantes, bem como a estruturação das composições contemporâneas. Outro grande compositor contemporâneo, também francês, Pierre Boulez, cita uma de suas peças, o magnífico *Prélude à l' après-midi d' um faune*, como o início da chamada música moderna. No Brasil, vamos encontrar a influência de Debussy predominantemente na música de Heitor Villa-Lobos e também na de Tom Jobim. Debussy inovou ao romper com as normas musicais vigentes, lançando-se em padrões inovadores em seus prelúdios e peças musicais. Muitas de suas obras são referências obrigatórias a todos que se debruçam sobre a história da música e seus tentáculos contemporâneos. O grande público, até mesmo por esse padrão inovador, não tem muita familiaridade com a obra de Debussy. Com exceção de algumas peças, sua obra é requinte de apreciação apenas para os estudiosos da música erudita contemporânea. Apenas os noturnos de Chopin podem ser comparados em leveza e beleza melódica aos prelúdios de Debussy, mas, ainda assim, o arrojo inovador em ondulações dissonantes criadas por Debussy não tem precedentes na história das artes. Debussy nasceu em Saint-Germain, Laye, em 1862, e faleceu em Paris, em 1918.

na cinematografia de modo muito intenso, isso em que pese nunca ter escrito nada especialmente para o cinema.

A arte da fotografia na dimensão cinematográfica

O emaranhado de recursos técnicos utilizados para levar nossa emoção ao extremo faz com que o cinema, entre todas as artes, seja a que melhor se utilize desse aparato para nos tornar parte integrante de uma trama.

A fotografia, tal como a música, é uma arte universal, mostrando-se igualmente com força mais intensa e direta do que as palavras. Entretanto, para se obter o máximo de impacto na comunicação realizada pela fotografia, é necessária uma interação com o filme, que vai além da própria conceituação técnica que envolve a arte da fotografia. Em simples comparação, o artista plástico tem diante de si uma tela vazia antes de iniciar seu trabalho de elaboração e criação de imagens. Assim, ele tem condições de ajustar e efetivar alterações concretas nas relações existentes entre os diversos componentes de sua obra. Para o fotógrafo, o visor da câmera consiste analogamente em uma tela vazia.[79] A essência do que será registrado consiste naquilo que é visto pelo fotógrafo, e em sua capacidade de ajustar o melhor ângulo de composição das imagens.

As imagens captadas pelos olhos são interpretadas pelo cérebro.[80] Aqui temos a diferença que faz de algumas fotos verdadeiras obras de arte: as fotografias são efetivadas pelo fotógrafo e não pelas máquinas.

O profissional da fotografia, assim como outros artistas, é influenciado pelo ambiente, condições emocionais, aspectos sociais e infinitos filigranas que envolvem o seu ato.[81] O conjunto desses elementos determina a interpretação que seu cérebro fará da imagem captada por seus olhos. Merleau-Ponty[82] assevera que a imagem captada não é necessariamente codificada com precisão, pois somos presença no mundo. É dizer que, muitas vezes, a informação captada pelos olhos pode ser

[79] BUSSELLE, M. *Tudo sobre fotografia*. São Paulo: Pioneira, 1990.

[80] *Ibidem., op. cit.*

[81] *Psicoterapia e subjetivação, op. cit.*

[82] *Fenomenologia da percepção, op. cit.*

bastante diferente da cena existente diante do fotógrafo e de sua câmera. Certamente uma das coisas mais importantes no cenário da fotografia deveria ser a existência de uma singeleza subjetiva a justificar sua efetivação. A determinação subjetiva da realização de uma foto irá definir a própria qualidade da fotografia.[83] O interesse por uma cena sempre tem a ver com a subjetivação do fotógrafo, e isso determina os aspectos que envolvem o resultado da arte da fotografia. Merleau-Ponty[84] coloca que a luz é redescoberta como ação à distância, e não mais reduzida à ação do contato, isto é, concebida como o fariam os que não a veem. A visão retoma seu poder fundamental de manifestar, de mostrar mais do que ela mesma. Já que nos é dito que basta um pouco de tinta para fazer ver florestas e tempestades, cumpre que ela tenha seu imaginário. O espectador de um filme é uma transcendência que decifra códigos apresentados das mais diferentes formas e constitutivos.

Se a capacidade de dispor e selecionar imagens de uma fotografia dependem de condições subjetivas do fotógrafo, ao justapô-la em um filme, essa subjetivação deverá estar em plena harmonia com o diretor da obra.

O filme reconstitui em detalhes a época em que a trama ocorre. Assim, por exemplo, uma produção que retrata uma história acontecida por volta de 1920 terá todos os detalhes pertinentes a esse período. Automóveis, construções, roupas, objetos de utensílios, móveis, enfim, tudo o que aparecer na filmagem obedecerá a uma reconstrução fiel de época. O responsável pelo *design* de um filme não apenas reconstrói esses detalhes de época de modo tão preciso, mas também impõe a própria magia da época no imaginário do espectador.

O diretor de arte harmoniza-se com o diretor de fotografia e com o responsável pelo *design* para reconstruir a magia de um cenário onírico, que irá penetrar no imaginário do espectador de modo único. É interessante, nesse sentido, observar-se que filmes retratando períodos em que não havia o recurso da fotografia, mas tão somente imagens de pinturas ou desenhos, são responsáveis pelas imagens e cenários que temos desse período. Filmes retratando Roma dos antigos césares formaram em nosso

[83] *Psicoterapia e subjetivação, op. cit.*

[84] MERLEAU-PONTY, M. *O olho e o espírito.* São Paulo: Cosac & Naif, 2006.

imaginário o panorama das cidades, roupas, bigas, costumes, etc. Assim, podemos falar da Roma antiga tendo como constitutivo as imagens trazidas pelos filmes desse período. Mesmo que se possa argumentar que os restos da Roma antiga ainda são preservados na modernidade, tais ruínas não apresentariam a riqueza de detalhes que temos desse período, e que nos foram trazidos pelo cinema.

Somos transportados para outros períodos sem sairmos corporalmente da sala de projeção. Nosso imaginário caminha por outros séculos com veículos de época, e somos lançados a um farfalhar de emoções que nos fazem parte integrante daquilo a que estamos assistindo.

Zelito Viana é um dos principais diretores brasileiros. Entre suas obras, temos o maravilhoso *Villa-Lobos, uma vida de paixão*,[85] certamente uma das grandes obras de toda cinematografia mundial. Nessa produção, que retrata a vida de um dos grandes gênios da música clássica, o compositor Heitor Villa-Lobos, Zelito Viana contou com a fotografia de um dos maiores diretores de fotografia de toda a história do cinema, o também brasileiro Walter Carvalho. A trama envolve o espectador de modo único, pois temos não só uma biografia instigante, como também a música do próprio Villa-Lobos, ou seja, uma trilha sonora simplesmente maravilhosa. Em uma das cenas em que a música exibida sob a regência do maestro Villa-Lobos em Paris é *O trenzinho do caipira*, existe uma sobreposição de cenas, e temos então um trem correndo pelos campos e prados do nosso cenário brasileiro. Assim, temos um detalhamento da genialidade da fotografia de Walter Carvalho, quando ele foca o trem se espelhando nele mesmo em uma curva, e se protagoniza de modo marcante com sua arte. Ele ainda é o grande responsável por introduzir a arte do uso de diferentes lentes para os diversos personagens. Assim, para enfatizar épocas e situações dramáticas, ele introduz cores e efeitos diferentes ao longo da trama. Esse efeito também pode ser apreciado em *Lavoura arcaica*,[86] do diretor Luiz Fernando Carvalho. De outra parte, *Buena Vista Social Club*,[87] de Wins Wenders, em que a voz em *off*, do próprio Wenders, anuncia que o seu diretor de fotografia, Walter Carvalho,

[85] VIANA, Z. *Vila-Lobos, uma vida de paixão*. São Paulo: DVD Versátil, 2002.

[86] CARVALHO, L. F. *Lavoura arcaica*. São Paulo: DVD Versátil, 2008.

[87] WENDERS, W. *Buena Vista Social Club*. São Paulo: Spectra Nova, 2010.

estaria ausente em razão de outros compromissos, mas sua técnica de mudança de lentes para diferentes situações seria preservada; *As horas*,[88] de Stephen Daldry, em que o diretor de fotografia Seamus Mc Garvey segue fielmente o padrão de Walter Carvalho, imprimindo uma lente para cada uma das três principais personagens que compõem a trama. São três mulheres vivendo histórias diferentes em momentos e épocas distintos. Esse filme ainda apresenta a música de Philip Glass, compositor que se notabilizou por criar melodias que se repetem sucessivamente sem alternância. Em cada situação em que uma das personagens iria mudar no foco da trama, além da lente fotográfica de cor diferente, existe também a mudança temática da música sempre em repetição temática. Recursos sinalizam que as três personagens principais têm enredos de vida que se repetem, embora vividos em diferentes períodos.

Alguns diretores de fotografia, como Lajos Koltai, que assina as principais obras de Tornatore, tornaram-se igualmente sinônimo de inovação na elaboração de cenas em que a transposição da trama leva-nos a uma diferente imersão diante de seu jogo de lances fotográficos. Ele não apenas se tornou grande referência para os amantes do cinema, como também para os que buscam aperfeiçoamento nos requintes técnicos de elaboração de um filme. Além de atuar como diretor de fotografia, hoje ele possui inúmeros filmes em que figura também como o diretor principal.

O envolvimento emocional propiciado por um filme

Uma das características que torna a apreciação de um filme diferente de outras artes é o fato de justamente envolver o espectador independentemente do conhecimento técnico que esse possa ter dos recursos utilizados em sua elaboração. O argumento de que isso também é verdadeiro para outras formas de arte apenas tangencia parte de detalhamentos mais amplos e inatingíveis. Assim, por exemplo, posso ir a uma exposição de fotografia ou de artes plásticas e igualmente, sem conhecimentos técnicos, ser arrebatado pela grandiosidade das obras. No entanto, a apreciação de um quadro, ou de uma fotografia, é algo que

[88] DALDRY, S. *As horas*. São Paulo: Imagem Filmes, 2008.

pode nos magnetizar, mas jamais terá a condição de provocar a sensação de que se faz parte dessa obra, assim como me sinto parte do enredo de um filme, com a vivência das emoções que estão sendo projetadas. É fato que, muitas vezes, uma exposição de fotografias pode exibir imagens que fizeram parte da minha vida, e então serei levado a momentos de nostalgia muito intensos. Mas a imagem faz parte de mim, sendo algo que me faz rememorar momentos da própria vida. Como exemplo dessas situações, lembro-me de uma exposição de fotos sobre a São Paulo antiga a que compareci, e da emoção diante das fotos dos antigos bondes que transitavam pela cidade. Em instantes, estava de volta à infância e à espera dos bondes que transitavam pelo meu bairro. Aqui reside um detalhe importante que diferencia a emoção provocada por determinado filme: sou lançado a emoções e vivências de épocas que jamais sonhei viver e até mesmo conhecer. Uma pintura e uma foto também podem me arremeter a outras épocas e períodos, mas o diferencial em relação ao cinema é justamente o fato de que, diante de um filme, estou inapelavelmente envolto sem qualquer paradigma da razão.

Alguns anos atrás, presenciei no Louvre, em Paris, uma exposição com as figuras de Cristo de Rembrandt. Verdadeiramente, embora conviva diariamente com obras de artes, uma vez que o meu filho mais velho é artista plástico, e minha filha, uma fotógrafa excepcional, poucas vezes senti emoção tão forte e arrebatadora diante de uma figura projetada em uma tela de pintura. É como se o olhar daquele Cristo me imantasse de modo inapelável, e isso a despeito da minha total descrença religiosa. Em alguns instantes, fui lançado ao seu universo de vida, que, embora não estivesse na tela, era de meu conhecimento histórico. Fiquei minutos absorto diante daquela imagem, sem conseguir sequer tirar os olhos daquele olhar.

Diante do que está exposto acima, fica evidenciado que, assim como um filme me lança a vivências atemporais, fui lançado de modo único diante de uma tela de pintura. Somos reféns da nossa própria emoção, e o filme tem a condição de nos tornar refém das mais diferentes sensações, em qualquer preceito de racionalidade que possa nos proteger. Até mesmo o célebre quadro de Delacroix, o magnífico *A liberdade guiando o povo*, tornou-se o símbolo da Revolução Francesa pelo apelo incondicional de liberdade mostrado em seus contornos. A força das imagens contida em uma tela de pintura, sem dúvida alguma, podem ter a força para despertar os mais diferentes tipos de emoção e nos lançar a vivências inimagináveis.

Emoções que nos envolvem e nos fazem simplesmente parte da arte que está sendo apreciada, seja um filme, fotografia, pintura, música, ou qualquer outra que se queira evocar.

O mesmo ocorre com os filmes denominados como claramente ideológicos e/ou políticos. Costa-Gravas é um diretor contemporâneo de nacionalidade grega e que imprimiu forte componente político à sua obra. Entre sua produção podemos citar *Z*,[89] um filme em que se mostra a configuração de uma ditadura civil e militar, e que espelha boa parte das ditaduras ao redor do mundo. Também tem filmes como *Estado de sítio*,[90] em que mostra a luta do grupo armado Tupamaros no Uruguai, lutando pela libertação do país do julgo militar. Com esse forte viés ideológico em sua produção, ele irá simplesmente colocar que não existe filme neutro, obra desprovida de valores e que seja um simples entretenimento para o espectador. Dessa maneira, diante de qualquer trabalho, nossa subjetivação está afeita aos valores transmitidos pela obra, a partir dos valores defendidos pelo diretor.

Dissemos, anteriormente, de como estamos familiarizados com New York a partir das imagens exibidas nos filmes estadunidenses.

Mas outro dado muito importante, e que passa despercebido por muitos, é de como nossa subjetivação está continuamente sendo abastecida com filmes que nos revivem os horrores da Segunda Guerra Mundial. A partir do forte poderio econômico dos judeus estadunidenses, nesse particular representado por Steven Spielberg, com a *Survivors of the Shoah Visual History Foudation*, uma fundação destinada a esse fim, temos uma série interminável de filmes abordando o holocausto. Por mais que existam outros tantos conflitos e guerras ao redor do mundo, o holocausto não sai jamais de evidência. E não se trata de negar o horror desse drama que conspurca a humanidade de modo indescritível, e sim de mostrar como a nossa subjetivação está sempre renovada com imagens dessa tragédia.

A maneira como somos afetados por determinado filme também é algo que se enfeixa diretamente com nossos valores constitutivos.

[89] COSTA-GRAVAS. *Z*. São Paulo: DVD Versátil, 2010

[90] COSTA-GRAVAS. *Estado de sítio*. São Paulo: Europa Filmes, 2008.

Assim, se a transmissão de determinados valores ideológicos ao longo de um filme confrontar com nossas crenças, irá provocar um estímulo aversivo muito significativo ao próprio filme. Um filme do Costa-Gravas, por exemplo, será algo insuportável para alguém que se posiciona de modo contrário às atuações dos grupos de resistência armada na América Lática. No mesmo diapasão, será de muito agrado para os admiradores dessas lutas. E os requintes de fotografia, música e enquadre de seus filmes ficarão em plano totalmente secundário diante do que é exposto.

Outros filmes podem não ter essa conotação ideológica tão explícita como os filmes de Costa-Gravas, mas de maneira subliminar sempre temos a transmissão de valores, e a imposição de conceitos dos produtores. A maneira como certa obra afeta nossa subjetivação nos determina, inclusive, um novo constitutivo, não apenas de valores, mas também de percepção diante do próprio mundo.

Um filme de Marco Bellocchio, de outra parte, um grande diretor italiano da atualidade, tem esse condão de transmissão de valores de maneira subliminar e que tangencia a percepção a nos inquietar com o que está sendo exposto, sem que tenhamos claro, em princípio, sua verdadeira intencionalidade. Entre seus títulos temos o maravilhoso *Diabo no corpo*,[91] em que jovens são julgados pela luta armada, e paralelamente se desfia para vínculos amorosos e afetivos. Ou ainda *Vincere*,[92] em que a trajetória de Mussolini é mostrada desde sua atuação política até seus envolvimentos amorosos, e como filho fora da relação conjugal.

Diante de uma projeção cinematográfica, como dissemos anteriormente, somos reféns inicialmente do enredo. Nessa situação de atenção e apreensão da história principal, somos envolvidos em detalhes subliminares que, sem nos darmos conta, pode determinar comportamentos sequenciais. Assim, é aquela vontade desconhecida de se tomar Coca Cola, cerveja, ou qualquer outra coisa que tenha sido mostrada no filme, e que, muitas vezes, sequer atentamos quando de sua exibição.

Dessa maneira, muitas vezes, é exibida a marca de determinado carro, e surpreendentemente essa marca consta como patrocinadora do

[91] BELLOCCHIO, M. *Diabo no corpo*. São Paulo: Parago Multimídia, 2009.

[92] BELLOCCHIO, M. *Vincere*. São Paulo: Imovision, 2014.

filme. O mesmo irá ocorrer com redes hoteleiras, grifes de roupas e um sem-número de objetos que estarão presentes em uma projeção juntamente com a trama exibida, mas na condição de propaganda subliminar. Ou seja, é um alto investimento em propaganda visando aos aspectos subliminares de nossa subjetivação.

O cinema como projeção de sonhos

A tela projeta uma infinidade de mundos e histórias. O espectador está entregue às sensações visuais, auditivas e perceptivas a partir do que é exibido, como um sonhador que não domina o próprio sonho é arrastado para as profundezas de sua alma. Juntamente com o detalhamento da trama, uma série de valores e símbolos é introduzida, sem que possamos sequer nos ater a tais estímulos. A ideia de que o diretor cinematográfico é alguém que deseja expor publicamente seus sonhos através dessa arte é perfeitamente pertinente quando se está diante das histórias, mas descabida diante de qualquer esteio de razão. É como se não houvesse limites para os efeitos e criação de determinada trama. Assim como em um sonho, em que ao sonhador só é dada a condição de sonhar sem qualquer interferência no sonho propriamente dito, em determinado filme, o espectador é arrastado em um turbilhão de emoções a partir da criação do diretor da trama.

Ao conceber as imagens que serão exibidas para o enfeixamento de uma trama, o diretor está configurando como realidade algo que inicialmente existe apenas em seu imaginário. Transpõe, dessa maneira, algo de seu imaginário para a apreciação de um número incontável de espectadores. A força do imaginário, dessa maneira, tornar-se-á acessível a tantas pessoas que se debruçarem sobre determinada obra. E esse é um dos principais aspectos a dar contorno ao constitutivo que faz do cinema algo de magia e encantamento acima dos contornos da racionalidade. Sonhos são transpassados para a tela e compartilhados com pessoas que igualmente estão buscando, nessa forma de arte, algo muito além do que um simples entretenimento. Na própria configuração das diferentes maneiras de se analisar um sonho, existe uma síntese sem discordância que é justamente essa transposição do imaginário para contornos de imagens e sons que se compartilham de modo universal.

Quando uma criança, diante de filmes de super-heróis, acredita-se com superpoderes, ela está, na realidade, trazendo para si o sonho de potência do idealizador da obra. Da mesma maneira, a jovem sonhadora que, diante de um romance projetado na tela, idealiza um amor inquebrantável para sua vida igualmente vinca em si o sonho do diretor da obra.

A definição, muitas vezes citada, de que o cinema é um sonho que vivemos em nossa realidade desperta talvez seja a melhor definição para essa magia onírica que uma obra cinematográfica efetiva. Se o sonho pertence à realidade onírica, o cinema é o sonho que, em princípio, pertence à realidade desperta, para na sequência também fazer parte de nossa vivência onírica. Isso em nossa mais profunda subjetivação.

Figuras mitológicas, bíblicas, lendárias, gângsteres, *cowboys* e um sem-número de personagens são apresentados a nós inicialmente como sonho do diretor, para serem incorporadas à nossa subjetivação de maneira indissolúvel. Somos arrebatados de nossa realidade para um mundo de sonhos e ilusões que nos torna reféns da própria subjetivação da obra, antes de ser incorporada à nossa subjetivação.

Ao trazermos a essa seara a definição de cinema autoral, em que o diretor confere à sua obra algo em exprime características próprias, estamos definindo o teor dos sonhos que ele compartilha. Pasolini, um dos maiores diretores da história do cinema, em meados do século passado, produziu uma obra em que dizia textualmente que sua filmografia tinha como finalidade afrontar a burguesia e trazer a libertação do oprimido. Definiu sua obra como cinema e poesia, e fazia de cada filme um instrumento libertário em que o sonho de uma sociedade mais justa e fraterna sempre estava presente.

Amoroso,[93] em uma excelente obra sobre o mestre, intitulada *Píer Paolo Pasolini*,[94] afirma que, ao lançar *Accattone*,[95] críticos de todas as tendências e gostos estranharam, de diversos pontos de vista, a representação do subproletariado na tela. Em primeiro lugar, porque a crítica dos anos 60 do século passado considerava que o homem que vivia nas fábricas ou sindicatos, o proletário, era o herói esperado num filme de protesto

[93] AMOROSO, M. B. *Píer Paolo Pasolini*. São Paulo: Cosa & Naify, 2002.

[94] *Ibidem*, *op. cit*.

[95] PASOLINI, P. P. *Accattone*. São Paulo: DVD Versátil, 2003.

social. O subproletário, que perambulava pelas ruas roubando aqui e ali, numa existência de marginalidade, só seria aceito desde que houvesse uma redenção, isto é, desde que ele também ganhasse consciência crítica ao final do filme. Ele foi criticado, então, como sendo amoral, pois, com sua visão poética e fatalista, fora depravado, instintivo e sensual, ao descrever a injustiça social. Mas, na realidade, Pasolini apenas retratava seu sonho do que deveria ser uma sociedade mais digna.

Em *Accattone*,[96] podemos ainda ver a maneira como Pasolini inseria a dramaticidade social, a religiosidade cristã, e com requintes da música de Bach. Em uma cena de uma luta bastante dramática entre Accattone e o cunhado, temos ao fundo o coro final da *Paixão Segundo São Matheus*, de Bach, seguramente uma das obras de religiosidade mais elevadas da música. O sofrimento do oprimido e humilhado é aproximado ao martírio de Cristo, tendo ao fundo uma obra sacra das mais grandiosas.

Ao compartilhar o próprio sonho, o idealizador de uma obra está nos propiciando momentos em que nossa realidade é deixada de lado, para que mergulhemos em outra realidade onírica que não a nossa. Igualmente faz com que nossas possibilidades perceptivas ampliem-se, de modo que novos horizontes se dilatem em nossa consciência.

Fagulhas de ilusão onírica de que a vida pode ser diferente do que se nos apresenta a realidade. Ou então, a constatação de decepção de que, nem mesmo nos sonhos, ainda que despertos, temos alento de esperança para uma nova configuração social.

A questão do sonho trazida à realidade pelo idealizador da trama cinematográfica faz da magia do cinema um sonho que interage com o sonho do espectador. Embora desperto, ele, ao apreender as imagens em sua percepção, está concomitantemente sonhando, com o sonho que magistralmente se mostra à sua realidade nesses instantes de projeção. Ademais, irá também continuar com esse sonho não apenas por dias, semanas e meses, mas, muitas vezes, por toda vida.

As circunstâncias que fazem do sonho algo indelével, e sujeito a diferentes interpretações, ganham dimensionamento único pela transformação na maneira como o diretor projeta sua realidade onírica nesse compartilhamento com o espectador.

[96] *Ibidem*, *op. cit.*

A tradição oral de transmissão de histórias, lendas, sonhos e tantas outras vivências pessoais e sociais adquire contornos imprevisíveis, quando essa transmissão se dá pela realidade de uma trama cinematográfica. Não estamos mais falando de um simples compartilhamento da realidade onírica do diretor, e sim da maneira como as coisas reproduzem-se de modo incontrolável, tal qual uma pedra que, lançada a um lago, irá produzir incontáveis círculos em sua queda na água.

Já foi dito incontáveis vezes pelos apreciadores da cinefilia que o grande prazer de se entregar à apreciação de um filme é justamente sair da própria realidade e imergir em um mundo de possibilidades e desdobramentos indefiníveis. É dizer que se sai da realidade para um mundo de sonhos, de imagens e de vivências em que somos lançados a novas e fascinantes perspectivas de vida.

Ao projetar sobre uma tela cinematográfica os seus sonhos, o diretor está determinando padrões do que seria um envolvimento amoroso idealizado, ou ainda uma relação familiar prazerosa. Cenas da família reunida em torno de uma mesa de refeição em que são discutidos desde temas comezinhos até grandes decisões tornam-se referência de como deveriam ser as relações familiares. Simples sonhos do diretor em busca de alternância com a própria realidade da vida, e que impelem os espectadores a terem como real sua manifestação onírica.

Fellini – Os sonhos verdadeiramente transformados em filmes

Um dos diretores que mais provocou sensações oníricas, e até mesmo alterou nossa subjetivação, é, sem dúvida alguma, Fellini. Ele imprimiu detalhes à sua obra que a tornaram algo ímpar na cinematografia mundial. De início, seus filmes eram realizados nos padrões das produções neorrealistas de Rosselini, outro grande diretor italiano, de quem foi assistente. Suas produções, assim, seguiam esses padrões convencionais, até porque ainda não tinham margem para a desenvoltura de sua criatividade. A mudança de estilo e a verdadeira guinada em sua trajetória, e na própria história da cinematografia mundial, surgem após o estupendo *Noites de Cabíria*,[97] que fez grande sucesso mundial,

[97] FELLINI, F., *Noites de Cabíria*. São Paulo: DVD Versátil, 2003.

e inclusive se impõe no mercado estadunidense, sempre arredio a produções estrangeiras.

Então ocorre não apenas uma mudança de estilo em sua obra, mas, com a chegada de recursos financeiros, ele começa a produzir filmes completamente fora dos padrões tradicionais, e que viriam a ser sua marca e características indeléveis. Seu nome passa a ser sinônimo de vanguarda e arrojo cinematográficos. *Noites de Cabíria*[98] também se transforma em musical da Broadway de grande sucesso, algo impensável se considerarmos a resistência estadunidense principalmente às produções italianas da época. Exemplo do arroubo de sua genialidade é o filme *Fellini 8 ½*.

Fellini passava por uma séria crise de autoconfiança. Estava com sua equipe para um filme que não estava claro nem mesmo para ele. À medida que se aproximava a data de início do filme, Fellini estava receoso de não conseguir efetivar essa empreitada. Decidiu, então, parar as filmagens, e já se movimentava para escrever uma carta ao seu produtor dizendo dessa impossibilidade. No entanto, na noite houve uma pequena comemoração de aniversário de um dos participantes da equipe. Fellini foi à festa e viu como todos estavam felizes, justamente por estarem reunidos para participarem do novo filme do mestre. Quando houve um brinde à realização do filme, Fellini ficou muito atordoado com aquilo. Afinal, não seria justo com tantas pessoas terminar o projeto antes mesmo do início das filmagens. Nesse momento, ele tem um grande *insight* e resolve filmar o próprio tédio que o acometia. E assim se fez, *Fellini 8 ½* narra o tédio de um cineasta em meio à sua falta de inspiração. Recebeu esse nome por se tratar do oitavo filme do mestre, além de um episódio junto com outros cineastas. Um filme autobiográfico cuja trilha sonora de Nino Rota, inclusive, mescla temas de filmes anteriores. Seu principal ator, Marcelo Mastroianni, então, interpreta o diretor entediado, que nada mais era que a própria fase vivida por seu mestre. O resultado é simplesmente um dos filmes mais estupendos de toda a cinematografia mundial. Seus sonhos de infância, medos e tudo mais são retratados de maneira a nos levar para horizontes oníricos, característica principal de Fellini.

Em uma cerimônia de entrega de Oscar ele recebe o prêmio das mãos da lendária atriz Sophia Loren, que o define como um dos mestres

98 *Ibidem, op. cit.*

contadores de história do cinema.[99] Se de fato foi um grande contador de histórias, foi também quem mais fez da magia do cinema um devaneio onírico sem similaridade até mesmo com outras formas de arte. Ele dizia: *reiventei-me. Uma infância, uma personalidade, desejos, sonhos e lembranças, tudo de modo a que eu os pudesse contar.*[100]

Sonhos que imprimiu com tal vigor a seus filmes, que seguramente, principalmente em suas produções finais, distam totalmente de qualquer tangenciamento mínimo com a realidade esperada de uma trama cinematográfica. O filme é a projeção do sonho do diretor na trama cinematográfica; essa justaposição torna-se realidade indivisível e sem qualquer quebra com a própria condição que separa o real do imaginário.

Os limites entre as vidas onírica e a desperta, tão frequentemente buscados pelos estudiosos na temática, simplesmente são lançados por terra diante de uma projeção cinematográfica. Quando temos, então, à nossa frente uma obra de Fellini, o que temos é a ressignificação premente de tudo o que se concebeu até então.

Imagens que se misturam e se sobrepõem umas às outras, e nos enfeixam em universo de sonhos e magia, de modo que praticamente se torna impossível a separação da nossa realidade onírica e do que assistimos em seus filmes. Esse desdobramento constitui a singeleza de sua obra em tanto quanto nossa percepção pode conceber.

[99] WIEGAND, C. *Federico Fellini* – mestre de cerimônia de sonhos. Lisboa: Taschen Editores.

[100] FELLINI, F. *Fellini por Fellini*. Porto Alegre: L&PM, 1993.

No cinema, a vida...

Valdemar Augusto Angerami

Para Daisy, ma belle margarite...

As luzes da plateia se apagam...
E a luz da câmera foca a imagem na tela...
E começa a emoção da vida...
Na primeira cena você corre solta pelos campos...
Linda, livre como uma esquila nas árvores pela mata...
As câmeras em plano aberto focam tua graciosidade...
Você entre a florada mágica do Inverno...
Correndo entre os Ipês Roxos, Suinãs e Margaridas...

E você surge em minha vida...
Enredo terno, paixão incontida...
Da ternura sendo desfiada em detalhes...
E os sonhos se tornando algo além do imaginário...
Do contorno da tua silhueta sob o fogo da lareira...
Das câmeras em plano fechado no detalhamento de beijos...
Bocas molhadas pelo vinho que se esparrama pelos lábios...

Uma trama de paixão sendo detalhada nas imagens da tela...
De como te aperto contra o meu peito e te sufoco com beijos...
A câmera foca nossos olhares de ternura e afeto...
E minhas mãos percorrendo cada detalhe do teu corpo...
E do teu sorriso de felicidade e transbordamento de alegria...

Vidas que se cruzam e se harmonizam...
Em cada momento de entrelaçamento de almas...
Cenas de amor e paixão...
Tudo é você... Nessa sintonia de vida, paixão e doçura...
De cores, flores, luamento, e por tudo, amor...

Serra da Cantareira, numa tarde azul de Inverno...

Capítulo 7

DESCRIÇÃO E ANÁLISE DE ALGUNS FILMES TEMÁTICOS

Os artistas, belos e talentosos, que conseguem representar, de maneira convincente, situações tristes, dramáticas ou divertidas, entretêm quase sempre, por mais dolorosas que sejam as complicações. Portanto, vamos a uma nova aventura.

(Ingmar Bergman)

Nesta parte do trabalho, iremos dedicar algumas análises de tramas e configurações técnicas a partir de determinadas temáticas da área da saúde. Iremos abordar os temas de câncer, suicídio, sonhos e desespero humano.

7.1 Sonhos

A temática de sonhos foi inicialmente explorada em obra anterior.[101] Fizemos uma revisão e ampliação das discussões anteriores para que pudessem ser inseridas nesta obra específica sobre cinema.

FILME – SONHOS

Título original: Akira Kurosawa's dreams

Direção: Akira Kurosawa

Música: Shinichiro Ikeb

Diretores de Fotografia: Takao Saito e Masaharu Ueda

Distribuição: Warner Bross Picture

Ano de lançamento: 2006

Elenco principal:

I – Palavras iniciais

Trata-se de um filme composto de oito episódios denominados sonhos, que retratam a condição humana com uma magnitude indescritivelmente

[101] ANGERAMI, V. A. À noite sonhamos. In: *Psicoterapia e brasilidade*. ANGERAMI, V. A. (Org.). São Paulo: Cortez, 2011.

esplendorosa. Kurosawa figura entre os grandes diretores cinematográficos de todos os tempos, e nesse filme ele simplesmente se supera em sua grandiosidade. Ele realiza *Sonhos*[102] depois de períodos agudos de sofrimento e pelo enfrentamento de dificuldades que iam desde desatinos emocionais até uma séria crise financeira. Ele nasceu em Tóquio, em 1910, e teve uma longa carreira cinematográfica. Seu primeiro filme foi realizado em 1946, tendo falecido em 1998.[103]

Sonhos,[104] um de seus filmes mais enigmáticos, foi realizado graças à ajuda dos consagrados diretores Steven Spielberg e George Lucas, que convenceram a Warner Bross a produzi-lo. A condição imposta pela produtora foi a de que o nome de Spielberg figurasse como produtor.[105] Outro aspecto bastante curioso e interessante de *Sonhos*[106] é justamente a presença de Martin Scorsese, certamente um dos grandes diretores de todos os tempos, figurar como ator no sonho dedicado às pinturas e obras de Van Gogh. É sua primeira e única aparição nessa condição. Ele havia ido ao encontro de Kurosawa para presenciar ao *setting* de filmagem, para apreciar o trabalho do mestre. Kurosawa, então, convida-o a participar como ator, e assim ser dirigido por ele. Esse episódio mostra a admiração que Kurosawa provocava em seus pares.

Os sonhos exibidos aparentemente não apresentam ligação entre si, e cada um deles apresenta histórias que supostamente não se tangenciam entre si. No entanto, uma análise mais pormenorizada mostra haver ligação cronológica entre eles.

Os dois primeiros sonhos mostram o personagem em sua infância, e os demais apresentam o mesmo personagem como protagonista

[102] KUROSAWA, A. *Sonhos*. São Paulo: Warner Bross Picture, 2004.

[103] Akira Kurosawa morre em agosto de 1998 por suicídio, depois de algumas frustradas tentativas. Ele vinha de longos períodos de sofrimentos emocionais, e também padecia de sérias dificuldades financeiras. Seus filmes, embora aplaudidos de maneira soberana pela crítica, não tinham sucesso comercial, e consequentemente não apresentavam ganhos financeiros condizentes com suas qualidades.

[104] *Sonhos*, *op. cit.*

[105] Steven Spielberg, George Lucas, Frank Coppola e Martin Scorsese, entre outros, sempre fizeram questão de pontuar a influência que sofreram da obra de Kurosawa. George Lucas, inclusive, afirmou que a inspiração para uma de suas maiores obras, o antológico *Guerra nas Estrelas*, veio a partir da obra de Kurosawa.

[106] *Sonhos*, *op. cit.*

principal, e já em sua maturidade de vida. No início do primeiro sonho, aparece uma legenda: *I had a dream like this*. E nos demais a legenda: *other dream*. A ligação entre os sonhos é reforçada pela narrativa sempre feita na primeira pessoa do singular, além de na placa existente na frente da casa do primeiro sonho estar escrito Kurosawa.

Sonhos[107] é citado por muitos como um filme autobiográfico pela maneira como é conduzido. Ele mostra um mesmo personagem que se alterna nas diferentes narrativas. E desde o estupendo *Dersu Urzala*[108] vemos um traço vigoroso na obra de Kurosawa, a defesa da natureza diante de sua destruição sistemática pelo ser humano.

SONHO UM

II – Descrição da trama

A trama inicia com uma criança de cerca de dez anos de idade, em trajes tipicamente orientais, observando dos limites de sua casa uma chuva muito intensa. Sua mãe aproxima-se e diz que, apesar da chuva, também faz sol. E isso significa que as raposas se casam com essa configuração de tempo, e elas não gostam de serem incomodadas nessa situação. A criança sai em direção aos campos que circundam sua casa. Na sequência, a criança observa um grupo que dança ao som de uma música efetivada por uma flauta, acompanhada apenas de percussão. Temos, então, uma ornamentação musical tipicamente oriental em contraponto à música exibida ao longo da trama, que traz linguagem ocidental. A criança observa o grupo dançando ao som dessa música em movimentos compassados, em harmonia bastante significativa de mistério e encantamento. O grupo exibe máscaras com característica orientais, e tudo se configura em mistério para a criança que observa. Ao voltar para casa, a mãe o repreende e diz que ele viu coisas que não devia, e que uma das raposas zangada deixou algo para ele. A mãe entrega ao filho o objeto deixado pela raposa. Ao abrir, depara-se com um punhal, ao que a mãe complementa que ele tem que estar preparado para morrer. E que ele deve ir ao encontro da raposa para pedir perdão, e, se essa

[107] *Ibidem, op. cit.*

[108] KUROSAWA, A. *Dersu Urzala*. São Paulo: Continental Home Vídeo, 2009.

não o perdoar, ela não poderá mais aceitá-lo em casa. E avisa ainda que as raposas não perdoam facilmente. Ele diz que não sabe onde a encontrar, ao que a mãe responde que ela fica no fim do arco-íris. Ele, então, parte novamente em direção ao campo em meio a um cenário estupendamente florido, quando se depara com o arco-íris. E o sonho termina nessa cena com a perspectiva de resolução totalmente sem definição.

III – Análise cinematográfica e de conteúdo

O mestre Kurosawa então nos mostra com toda sua genialidade um aspecto bastante significativo do cinema japonês, o foco de imagens contemplativas. A chuva em meio à paisagem exuberante com as câmeras paradas para que a beleza da cena seja apreciada sem qualquer titubeio. Ele efetiva uma alternância de câmeras ora em plano aberto, ora em plano fechado, e temos então a magnífica paisagem ao longe em toda a vastidão do vale exibido, fora detalhes das gotículas de água sobre a folhagem. E a criança a tudo observa no mesmo plano de olhar do espectador, que contempla a mesma paisagem e cena na imagem cinematográfica.

O conteúdo dessa trama, por outro lado, remete-nos a aspectos oníricos de diferentes matizes. Desde a simples projeção frente ao olhar da criança, apreciando de maneira ingênua e admirada a beleza da chuva, até o ensinamento da mãe de que aquele cenário era de acasalamento das raposas. O significado dessa junção de chuva e sol com o casamento das raposas é algo que permite várias e diferentes interpretações, mas que sempre serão realizadas sob a égide de quem analisa sem qualquer tangenciamento com a proposta do filme em si. Kurosawa coloca-nos diante de uma realidade onírica em que os simbolismos dos sonhos serão tangenciados pela nossa percepção em processo projetivo, que necessariamente traz nossos valores para essa empreitada, mas que podem estar significativamente distantes da proposta exibida pela trama.

A mãe, ao dar o punhal para a criança e dizer que ela deve estar pronta para morrer, tanto nos lança a uma ideia que verdadeiramente precisa ser cristalizada frente aos desafios que a vida se nos apresenta, como também sugere outras perspectivas frente ao desconhecido exibido igualmente pela vida. Outra possibilidade advinda desse gesto da mãe seria o imponderável diante da entrega de arma tão contundente a uma criança. Seria uma evocação à busca deliberada da morte diante dos desatinos, ou uma forma de evocação da necessidade dos diferentes enfrentamentos que a vida nos reserva?! Que ensinamentos o perdão da raposa poderia ensejar a uma criança a ponto de a mãe condicionar esse gesto como determinante para que ela possa ser aceita em sua própria casa?! E o que pode significar uma criança caminhando em direção ao final do arco-íris em busca da raposa para ser perdoada?! E que pode significar o perdão de uma raposa para uma criança?! Essa raposa que foi perturbada em seu processo de acasalamento tem o dom de perdoar essa criança para que a mãe possa aceitá-la em sua casa. Raposa que se encontra no fim do arco-íris, tanto simbolismo envolto em mistérios cuja decifração beira o imponderável. Buscamos a compreensão, mas apenas projetamos nossos próprios valores diante do material onírico tão ricamente exibido na tela de projeção. Tentamos dar significado ao que foi apreendido, mas apenas constatamos que nos espelhamos no que nos foi mostrado. E ainda que buscássemos subsídios na cultura japonesa sobre o eventual significado da raposa, ainda assim, não estaríamos em consonância com a projeção feita por Kurosawa. Seguramente, ao definir como sonhos esses episódios, ele está dando uma configuração totalmente onírica a eles, e determinando que toda e qualquer asserção de caráter absoluto será indevida.

A presença de arma branca nas mãos de uma criança, e com a recomendação de que ela esteja preparada para morrer, vai além de qualquer digressão filosófica sobre a morte e seus constitutivos em crianças. É algo que nos permite projeções de matizes diferentes, e seguramente anacrônicos diante de tudo que nos é mostrado. Seria suicídio induzido?! Ou o encorajamento da mãe ao filho diante dos enfrentamentos que teria em sua vida?! E a questão da tenra idade diante do perdão de uma raposa para ser aceito em sua casa não é imbricamento severo?! Sonho que Kurosawa nos insere e cuja imersão nos leva a reflexões pormenorizadas sobre fagulhas mostradas e que nos projetam para um universo de imensidão prospectiva.

SONHO DOIS

IV – Descrição da trama

O mesmo menino do sonho anterior adentra em um ambiente onde se encontram cinco meninas. Ele observa as estatuetas do ambiente, repleto de religiosidade e cultura japonesa. Na entrada, existe um grande vaso com um pessegueiro em flor. Ele leva comida para elas. Eram seis porções, e, ao chegar, pergunta para a irmã onde está a sexta menina. Ela diz que são apenas cinco, ao que ele responde que tem uma sexta e que ele a tinha visto. Nesse ínterim, ele vê a outra moça em outro ambiente. Tenta mostrar a elas essa moça, mas ninguém a vê, apenas ele. Ela surge de seu campo visual. Na sequência, ele a vê novamente e corre atrás dela. E novamente ele se encontra no maravilhoso campo e prados do sonho anterior. A moça desaparece e surgem inúmeras figuras vestidas com trajes típicos japoneses. A música de cordas e percussão tipicamente japonesa dá contorno ao cenário e aos diálogos. Inicialmente, é dito ao menino que eles não voltarão mais à sua casa, pois sua família havia cortado todos os pessegueiros do pomar. Na sequência, personagens femininas dizem que não voltarão mais, pois não mais haverá o Festival de Pêssegos, e elas eram as bonecas do festival. Outros dizem que são os espíritos das árvores e que não podem mais voltar, pois não existem mais árvores. O menino chora e diz que está muito triste com tudo isso, e que chorou muito quando sua família cortou as árvores. Um dos espíritos diz que ele está chorando por gostar muito de pêssego. E ele diz: *pêssego se pode comprar, mas não um pomar em flor.* Os espíritos se comprazem com seu sofrimento e exibem novamente um esplêndido pomar de pessegueiros floridos, simplesmente maravilhoso. O menino chora diante desse pomar esplendidamente florido. A música nesse momento se alterna da tradicional canção japonesa para a sonata de Ivanov *In The Village*, de *Caucasian Sketche*, Suíte Orquestral. Inicialmente com o órgão solando isoladamente para, na sequência, ser acompanhado por uma orquestração simplesmente fascinante. O menino se vê novamente no campo sem os pessegueiros e o sonho termina com sua imagem desolada.

V – Análise cinematográfica e de conteúdo

O jogo de imagens com que Kurosawa brinda-nos igualmente nesse segundo sonho é fabuloso. Desde a composição de imagens oníricas representadas pelos espíritos das árvores e pelas bonecas, temos um passeio pelo imaginário que nos lança a questionamentos infindáveis. Aqui novamente ele resgata seu caráter intransigente de defesa do meio ambiente presente em suas obras, e principalmente em *Dersu Uzala*.[109] O sofrimento do menino pela destruição do pomar por sua família é simplesmente comovente. Aqui temos um sofrimento em que se mistura a dor pela perda do pomar com sentimentos de impotência por não conseguir estancar tal destruição.

O jogo de câmeras que Kurosawa utiliza para dar ênfase ao ambiente, com a presença dessas bonecas e espíritos, é um espetáculo à parte. A profusão de cores de suas vestimentas, trazendo em si detalhes da cultura e tradição japonesa, simplesmente fascina e nos deixa atônitos diante de tamanha beleza. A alternância das câmeras a captar detalhes em sua transformação onírica marca de modo indelével nossa percepção emotiva diante da grandiosidade desse espetáculo. A música é detalhadamente cuidada, alternando-se entre a tradicional japonesa para uma peça de grande envergadura de Ivanov. Detalhes que não apenas mostram a grandiosidade da direção, mas também o esmero nos requintes que compõem a trama como um todo.

Se esse filme verdadeiramente é autobiográfico como é propagado, e se, ainda, esse menino representa o próprio Kurosawa, e a placa com seu nome no primeiro sonho nos leva a crer nisso, então temos aí a origem de toda a sua mobilização em diversos filmes em prol da defesa ambiental. O sofrimento dessa criança diante das bonecas e dos espíritos das árvores leva-nos a um compadecimento pela destruição do pomar efetivada por sua família. E quando os espíritos das árvores, em complacência ao sofrimento do menino, ressurgem com o pomar novamente florido, temos não apenas o encantamento da imagem em si, mas a constatação do teor da destruição propriamente dita. A música de Ivanov como contraponto à cena do pomar em flor dá uma grandiosidade tão portentosa à cena que ficamos estarrecidos, sem nos darmos conta das diferentes estimulações que nos afetam simultaneamente. Quando o pomar em flor é retirado, o menino se vê diante novamente do campo sem árvores, a música é interrompida abruptamente como a nos despertar do sonho em flor que era tão suavemente vivido.

A colocação dos espíritos das árvores e das bonecas do Festival do Pêssego, condenando a destruição do pomar e enfatizando que não mais

[109] *Dersu Uzala, op. cit.*

estariam presentes em sua vida, leva essa criança a um grande e indescritível sofrimento. Inicialmente, por também sofrer com a destruição do pomar sem ter como defendê-lo diante da ação de seus familiares, e, na sequência, por se ver diante de um julgamento severo de um ato do qual também era vítima. As lágrimas correm em sua face, mostrando um choro incontido e muito doído. O sofrimento dessa criança diante da destruição do pomar é comovente, tanto pela precocidade ao padecimento, quanto pelo seu amor à florada. Talvez nos comova sobremaneira por cair naquele balizamento indevido de infância feliz, como se o sofrimento fosse algo destinado apenas e tão somente à vida adulta.

A tentativa de explicar tais fenômenos de modo absoluto perde-se totalmente na simples constatação de que não temos elementos para alcançarmos o entrelaçamento feito por Kurosawa nessa trama.

Bonecas do Festival do Pêssego, Espírito das Árvores, figuras míticas que nos direcionam a simbolismos que permitem as mais diversas interpretações. E tudo isso com alternância de câmeras que se protagonizam por si na elaboração do enredo. A música nesse sonho também se configura em espetáculo à parte, tanto pela canção típica japonesa, como pela grandiosidade da música de Ippolitov Ivanov, dando ênfase ao esplendor do pessegueiro em flor.

Se é fato de que um filme é o sonho do diretor projetado em imagens cinematográficas, como dissemos anteriormente, igualmente é verdadeiro que Kurosawa brinda-nos com o que existe de mais requintado em termos oníricos na exibição da beleza desse pomar florido. O olhar da criança totalmente extasiada diante dessa beleza contagia-nos a viver e partilhar dessa alegria tão emocionante e genuína.

Na medida em que vivemos a era do imediatismo tecnológico com total distanciamento das coisas e fenômenos da natureza, admirar um pomar em flor é um resgate do prazer de se admirar uma florada em seu esplendor, a despeito de toda a destruição ambiental que nos assola. A singeleza de se apreciar um cenário tão magnífico e que se contrapõe à cultura moderna, em que árvores são destruídas até mesmo para que suas flores não sujem o calçamento, verdadeiramente é uma dádiva de amor e encantamento para a alma.

Kurosawa, mais do que nos encantar com a florada do pessegueiro, está nos levando a uma reflexão sobre a necessidade de se resgatar a beleza das flores; um convite para que a vida em harmonia com a natureza não se perca diante dessa imposição tecnológica da modernidade. É fato que a vida moderna, com todo seu aparto tecnológico, acabou nos afastando desse contato mais estreito com o esplendor das floradas e de outras manifestações da natureza. Ainda assim, não existe a necessidade de tal excludência, tal como se configura na atualidade.

SONHO TRÊS

VI – Descrição da trama

Um grupo de homens caminha sob uma intensa nevasca. A dificuldade de locomoção é intensa. Eles conversam entre si e manifestam a ideia de que estejam perdidos em meio a esse temporal. O líder diz que conhece a direção, e que em breve estarão no acampamento. O som ao fundo é de trovões e da própria tempestade da neve em ventos muito fortes. Também é ouvida a respiração desses homens em meio ao sofrimento provocado pela nevasca. Um dele diz: *está escurecendo de novo, logo será noite.* Ao que o líder responde: *acabamos de sair do acampamento, é que o dia está escuro e nos confunde*, e olhando no relógio diz: *são onze horas.* Ao que outro homem diz: *o seu relógio está quebrado. Não*, responde o líder, *o ponteiro está funcionando.* Diz ainda: *logo iremos sair desse desfiladeiro, o acampamento não está longe. Somos homens da montanha, a neve não pode nos derrotar, ela já dura três dias.* Outro homem diz estar ouvindo alguém chegando, ao que o líder rebate dizendo que não tem ninguém. Eles desfalecem em meio à nevasca, e o líder os aborda dizendo: *não adormeçam, senão vocês morrem, não durmam.* O líder também desfalece. E nesse momento surge uma figura feminina que diz: *a neve é morna, o gelo é quente.* A nevasca cede e a figura feminina o cobre com uma manta de proteção. A nevasca desaparece e surge o Sol mostrando uma imensa montanha coberta de neve diante do céu azul. A mulher se esvai. O líder então se dá conta da ilusão vivida, pois a nevasca prossegue e todos seus companheiros estão soterrados. *Acordem*, diz ele ao grupo. A luz clareia, o Sol surge e o acampamento aparece em seus campos visuais.

VII – Análise cinematográfica e de conteúdo

Nesse episódio envolvendo o sonho da nevasca, temos simplesmente uma das mais exuberantes *performances* de técnica envolvendo uma trama cinematográfica. Junto com um enredo forte permeado por grandes emoções, e novamente com a presença contínua da morte, temos uma junção de música, fotografia e direção que supera todas as expectativas que cercam a denominação de um filme de arte.

No início da trama, sob forte nevasca, o som que permeia é apenas e tão somente o dos trovões e do vento cortante que açoita o grupo de homens de todas as maneiras possíveis. A fotografia exibe uma cor opaca em tons obscuros de azul, o que torna difícil até mesmo a identificação do grupo em meio à nevasca. É tal a magnitude dessa fotografia que nos vemos lançados nessa dimensão da nevasca, tamanha a dificuldade visual de identificação do grupo.

Nesse momento não existe música a emoldurar cenário tão cáustico, apenas o som da fúria do vento e dos trovões. O som do vento é assustador e de tal forma contundente que mal se consegue ouvir a fala do líder com as pessoas de seu grupo. Simplesmente assustadora tamanha a fúria do som do vento. E quando o líder vê a imagem da figura feminina que surge em seu imaginário, o som do vento desaparece e uma cantata com soprano à capela entoa uma melodia lindíssima e de construções harmônicas que evocam religiosidade.

Na sequência, em que a figura feminina acolhe o líder colocando um manto sobre ele, e diante do surgimento do Sol e da montanha iluminada, surge uma nova música, dessa vez com pequena orquestra, acirrando melodia bastante simples, mas que mostra rompantes de grandiosidade em sua harmonização. Essa música irá acompanhar o grupo até o reencontro com o acampamento, e novamente na presença do Sol, mas dessa vez como realidade, e não como imaterialidade, como no devaneio anterior do líder do grupo.

Nesse episódio, a questão da morte sobrepassa a sequência da trama permeando cada dificuldade surgida nessa empreitada na nevasca. A questão da morte novamente surge nas imagens oníricas a despertar reflexões sem limites para seus horizontes. A figura feminina que surge para o líder dizendo que a neve é morna e o gelo é quente seria morte em configuração de mulher?! Ou algum anjo protetor a trazer seu acolhimento ao desespero desse líder?! Ele recebe uma manta de proteção, e em seu imaginário a nevasca cessa e ele consegue ver o Sol e a montanha sob o céu azul. A própria música inserida nessa sequência de cenas traz características de religiosidade. Qual seria o limite entre o onírico e a realidade?! O sonho que se materializa na figura feminina, ou o enfrentamento da neve se intitulando homens da montanha que possuem poder sobre a neve?!

A morte, ao ser confrontada com a condição humana, apresenta características de imaterialidade que não se mantém circunscrita à condição de reflexões meramente subjetivas. Realidade que não apenas determina novas formatações de vida e reflexão, como também determina um novo direcionamento para as perspectivas de vida.

Somos fragilidade, embora, na maioria das vezes, esquecemo-nos dessa própria condição. No entanto, o confronto com a materialidade da morte determina novos paradigmas da vida e das situações que a envolvem. Kurosawa mostra, com sua maestria, esse contraponto de vida e morte, dando-nos a dimensão dessa condição em que a morte determina aspectos de reflexões que transcendem até mesmo o momento de luta pela sobrevivência e, por assim dizer, para continuidade dessa vida que foi colocada em xeque.

Kurosawa, nessa trama, mostra-nos o confronto com a morte em situações em que o limite com a vida é tênue e muito frágil. Nos devaneios do líder ao tentar animar o próprio grupo que conduzia, ele mesmo se vê atirado a turbilhões em que sua emoção é lançada e que o retiram desse embate, ao menos em níveis imaginários.

Os companheiros soterrados sob a neve são arrastados para fora dessa situação pelo líder, que a cada um repete que, se eles adormecerem, fatalmente morrerão. E isso a despeito do real enfrentamento dessa tormenta. Nessa situação, podemos projetar essa reflexão para outros tantos momentos de nossas vidas em que a morte deixa de ser mera possibilidade para ser realidade em enfrentamentos bastante disformes.

O jogo de luz e sombra pareada com sons de ventos e trovões, e sequencialmente música, fazem dessa trama um requintado trabalho que coloca Kurosawa definitivamente no patamar dos grandes diretores mundiais. E que dificilmente encontrará similaridade em seus detalhamentos.

SONHO QUATRO

VIII – Descrição da trama

Um soldado solitário surge caminhando em um campo, em direção a um túnel. Ao se aproximar do túnel, um cão rosnando se aproxima dele, tendo granadas de dinamite presas em seu corpo. Rosna, dá voltas no entorno do soldado e se afasta em direção ao túnel. Na sequência, sai um soldado que vem ao seu encontro, e ao se deparar com ele faz deferência ao comandante. Esse então diz ao soldado que volte de onde veio, pois ele está morto. Esse diz que não pode acreditar que esteja morto. Diz ainda que o comandante que lhe contou isso, e ele acredita ter sido um sonho. O comandante contra-argumenta, insistindo que ele realmente está morto. O soldado diz que não pode ser verdade, pois seus pais estão à espera dele, e não acreditarão que esteja morto.

Ele mostra uma luz ao comandante dizendo que ali é a casa dele. O comandante insiste dizendo que ele está morto, e que não terá como voltar ao encontro dos pais. O soldado relutante então se despede e vai embora.

Surge, então, um pelotão que sai do túnel e presta saudação ao comandante, identificando o batalhão e apresentando cerimonial de armas. O comandante, então, diz a eles saber como estão se sentindo, mas que infelizmente todos estão mortos. Diz que esse pelotão foi aniquilado, morreu em combate. Também afirma que preferia ter morrido com eles, mas que infelizmente estava vivo. Diz ainda sentir vergonha e se sentir culpado por ainda estar vivo. Coloca ao pelotão que aparecer no mundo não prova nada e que todos estão mortos, e que é para voltarem e descansarem em paz. E ordena ao pelotão que dê meia volta para volver à sua origem. Eles obedecem e saem em marcha.

Novamente o cão surge rosnando e o sonho termina.

IX – Análise cinematográfica e de conteúdo

Nesse sonho, Kurosawa igualmente nos brinda com requintes de detalhamentos, incluindo todos os quesitos necessários para a *performance* de um filme de arte. O jogo de câmeras em alternância no foco das personagens ganha uma dimensão própria. Não existe música na maior parte da trama, sendo que apenas os sons dos passos das personagens, da conversação e respiração são ouvidos ao longo do desenrolar do sonho. Apenas quando o cão surge pela segunda vez, uma música suave com dois clarinetes em contraponto emoldura a cena.

A temática da morte presente nos sonhos anteriores como possibilidade subjetiva, e mesmo de enfrentamento no caso do episódio da neve, agora surge como algo efetivo. A morte se configura em pessoas que se recusam a aceitar terem morrido, e insistem que estejam vivas. O sonho vai ao encontro das religiões que evocam a possibilidade de os mortos voltarem ao convívio com os vivos de forma materializada. Os mortos recusam a ideia de que morreram, como se essa recusa os fizesse novamente vivos. E o argumento do comandante, tanto ao soldado como ao batalhão, é incisivo no sentido de trazer para a consciência a verdadeira realidade que se apresenta em sua condição, a de que estão mortos.

A literatura dos estudos pós-morte, em sua variedade, sempre sinaliza a recusa de o morto aceitar a ideia de que não está mais vivo. Isso naturalmente implica que necessariamente se acredite na ideia de vida pós-morte, do contrário nada se sustenta e se justifica. A simples recusa a tais princípios faz com que careçam de sustentação. E o sonho parte desse princípio em que a possibilidade de os mortos retornarem à condição de materialidade é real. Mas ressalte-se que não há imposição determinista a isso, apenas é tratado dessa forma, e o espectador convive com essa realidade sem que seus princípios sejam afrontados ou mesmo questionados. Apenas é mostrado um valor presente nas crenças místicas orientais, e também em sua tradição cultural. O valor dessa representação com esse tipo de materialidade, no presente caso, é obra de arte detalhada em fragmentos de preciosidade e requintes diversos.

O apego dos mortos à vida é mostrado de modo a nos lançar sobre o questionamento dessa dificuldade de não se aceitar uma condição diferente da vida. As ideias reencarnacionistas trazem certo conforto diante do confronto iminente com a morte. Afinal, segundo esses princípios, não só a vida não termina com a morte, como ainda, e aí é o mais fascinante, ainda voltaremos para essa vida para reencontrar pessoas queridas. Isso sem dúvida alguma é muito sedutor, pois, diante da inextricabilidade representada pela morte com seus tentáculos de destruição, temos a possibilidade de retornar ao convívio das pessoas que amamos e que já se foram dessa vida. Nada mais confortante diante da condição imutável e inalterável do homem trazida pela morte.

A angústia presente na condição humana, e que tem na morte um de seus determinantes de ação, certamente encontra nas ideias reencarnacionistas alívio para suas configurações. Se é fato que, diante da morte, verdadeiramente enfrentamos um dos maiores mistérios da condição humana, igualmente é verdadeiro que aceitar a possibilidade de que continuemos vivendo, mesmo após a morte, é por si muito reconfortante.

O sofrimento psíquico de pessoas que padecem de doenças degenerativas é intenso, e observável até mesmo de maneira simplista. A proximidade com a morte de modo irreversível lança tais pacientes, na quase totalidade das vezes, a buscar subsídios para o enfrentamento desse modo tão singular, e quase sempre cruel. Ao se apegarem às ideias reencarnacionistas, muitos desses pacientes enfrentam com mais determinação e vigor esse momento de tamanha fragilidade.

Kurosawa, ao trazer o inconformismo dos mortos na aceitação dessa nova situação, também está sinalizando para a continuidade da vida e da consciência reflexiva que impõe uma dialética de vida dos combatentes mortos com o soldado que continua vivo.

SONHO CINCO

X – Descrição da trama

Um jovem aprecia, em uma exposição de quadros, algumas das obras de Van Gogh. Diante do quadro *Le pont de Langlois avec des lavandières*, feita em 1888, em tradução aproximada seria *A ponte de Langlois com lavadeiras*, simplesmente se transporta para o lugar exibido na imagem, inclusive, com o som do trem que faz parte da pintura. Então, pergunta a um grupo de mulheres que lava suas roupas no rio onde poderia encontrar Van Gogh. Uma delas indica que ele deveria atravessar a ponte, mas que precisaria ter cuidado, pois ele havia acabado de sair do hospício. O jovem, então, segue a trajetória indicada e logo na sequência se depara com o mestre, ainda com os curativos pela automutilação da própria orelha.

Ao vê-lo, Van Gogh diz ao jovem por que não está pintando cena tão maravilhosa. Ele diz ao jovem que, como num sonho, a cena a ser pintada materializa-se e torna-se completa para ele. O jovem então pergunta o que ele faz, e ele responde que se esfola trabalhando feito locomotiva. Diz ainda que precisa se apressar, pois o seu tempo está acabando, e tem pouco tempo para terminar suas pinturas. Também coloca que, no dia anterior, estava tentando fazer seu autorretrato e, como não estava conseguindo acertar detalhes da orelha, cortou-a fora.

Van Gogh desaparece e surgem suas pinturas, e o jovem caminha por elas, dentro delas. Temos, então, uma sequência fantástica de efeitos visuais com o jovem transitando pelos diversos quadros de Van Gogh. Finalmente chega a um campo de trigo que tem em seguida uma revoada de corvos. Na sequência, volta à exposição e depara-se com o quadro que reproduz o campo onde se encontrava o *Campo de trigo com corvos.*

XI – Análise cinematográfica e de conteúdo

Nesse sonho, temos a presença inusitada de Martin Scorsese, um dos maiores diretores de todos os tempos, como citamos anteriormente, atuando como ator no papel da Van Gogh. Essa participação não deixa de ser uma deferência de Scorsese ao mestre Kurosawa, pois, além de referendar o trabalho do mestre como sendo uma de suas fontes de inspiração, aqui simplesmente é dirigido por ele, em um dos grandes momentos da cinegrafia mundial.

Nos sonhos anteriores, a questão da morte era colocada de forma explícita. Aqui também, como nos anteriores, surge a presença de pessoas mortas. Nesse, no entanto, a morte surge de maneira subjetiva, tanto no diálogo com essas pessoas, como também na alusão ao passeio dentro da obra de Van Gogh, assim como na apreciação das obras na exposição, termina-se diante de *Campo de trigo com corvos.* A última obra do mestre, a qual antecedeu sua tentativa de suicídio e sua morte em consequência dos ferimentos advindos desse ato.

Nesse sonho, além do ruído do trem quando o jovem adentra a obra de Van Gogh, temos uma peça delicada e lindíssima de piano, assinada pelo autor da trilha sonora do filme, Shinichiro Ikeb. A suavidade da melodia encaixa-se com a plasticidade das imagens e da fotografia, mostrando a exuberância da arte de Kurosawa na maneira de amalgamar tais elementos. Simplesmente fantástico.

Se nos sonhos anteriores havia uma linha tênue entre a condição onírica e a realidade da consciência lúcida, aqui se tem uma situação em que a contemplação da obra de arte indica uma alteração de consciência a partir de um possível transe provocado pela contemplação das obras em nosso jovem apreciador. A contemplação e apreciação das obras de arte, sejam pinturas, música, poesias, etc., tem a condição ímpar de nos transportar para horizontes muito distantes da própria realidade factual.

Dissemos anteriormente do poder único da música de envolver-nos em memória afetiva e fazer-nos rememorar situações e pessoas envolvidas nessa sonoridade. A música tem a condição de transportar-nos para situações em que o imaginário envolve-nos e faz-nos completamente distantes de nossa realidade espacial. Da mesma maneira, a apreciação de quadros em uma exposição também pode nos levar a vivências oníricas e imaginárias que simplesmente distam de tudo o que possa nos envolver no momento de sua ocorrência. Merleau-Ponty[110] coloca que *o mundo está ao redor de mim, não diante de mim. A luz é redescoberta como ação à distância, e não mais reduzida à ação de contato, isto é, concebida como o fariam os que não a veem.* Assim, a visão retoma seu poder fundamental de manifestar, de mostrar mais que ela mesma. Já que nos é dito que basta um pouco de tinta para fazer ver florestas e tempestades, cumpre que ela tenha seu imaginário. É dizer que sua transcendência é mais do que pode codificar explicações de neurociência e suas possíveis apreensões pelo cérebro. É algo que apenas a emoção pode captar e significar de modo pleno.

Diante de uma manifestação artística, somos envolvidos em uma aura de emoção que não pode jamais ser captada por sustentáculos de racionalidade. Ou, nas palavras de Cézanne *apud* Merleau-Ponty,[111] *penso por meio da pintura.*

Em relação à interpretação de cada um dos quadros de Van Gogh, e, aliás, de qualquer artista, se eles são significativos, o sentido que lhes é dado posteriormente se originou da própria obra. A própria obra permite as mais diferentes formas de interpretação que repousem sobre ela com a incidência clareada pelo olhar do observador. E isso, por mais paradoxal que possa parecer, não a transforma senão em si mesma.

A interpretação artística coloca-nos em conformidade com o objeto apreciado e não em situação de confronto, ainda que possíveis discordâncias estéticas possam se antagonizar em minha percepção. Tudo se harmoniza de modo que nos tornamos indivisíveis com o objeto apreciado. Nas palavras de Merleau-Ponty,[112] *quando vejo através da espessura da água o revestimento de azulejos no fundo da piscina, não o vejo apesar da água,*

[110] *O olho e o espírito, op. cit.*

[111] *Ibidem, op. cit.*

[112] *Ibidem, op. cit.*

dos reflexos, vejo-o justamente através deles, por eles. A própria água, a força aquosa. O elemento viscoso e brilhante, não posso dizer que esteja no espaço: ela não está alhures, mas também não está na piscina. É dizer que, se deixar de contemplar pela piscina e deslocar meu olhar para as árvores do entorno, ali também poderá estar essa água, pois será conduzida pela minha percepção com toda a força advinda do imaginário. A água também estará presente nessas árvores e em tudo o que tangencia minha percepção.

Kurosawa, nesse sonho, leva-nos, juntamente com o devaneio do jovem que aprecia as obras de Van Gogh na exposição, a um passeio onírico em que sua viagem imaginária é partilhada inteiramente por nós, espectadores dessa trama. Quando o jovem passeia pela obra de Van Gogh, é como se o acompanhássemos nessa empreitada, tal o vigor e o realismo empregados nas diversas sequências desse passeio onírico. Somos parte desse sonho em tanto que ele nos direciona para devaneios inimagináveis por seus inúmeros desdobramentos.

Os recursos técnicos utilizados nesse sonho sobressaem tanto pelos efeitos do passeio do jovem pelas obras, como principalmente pelo fascinante jogo de cores exibidos pela arte da fotografia. A sobreposição de imagens é tão precisa e esmerada que o passeio pelos quadros é algo tão natural que nos surpreendemos acompanhando o jovem nesse passeio onírico.

O esmero dos detalhes, ao mesmo tempo que é inebriante, igualmente nos lança a um turbilhão muito forte de emoções no desenvolvimento da viagem imaginária a que somos lançados. Câmeras alternam-se, tendo ao fundo uma música lindíssima de piano de Shinichiro Ikeb, e simplesmente somos envoltos no que existe de mais primoroso na magia do cinema. Sonho de que a vida pode ser acalentada em suaves fragrâncias de delicadeza e fascínio diante do belo e da transcendência artística. E a constatação de que, por mais cáustica que seja a realidade que a vida se nos apresenta, há o contraponto do belo a nos acalentar a alma e nos fortalecer nessa empreitada.

Se nos sonhos anteriores a morte era presença tão marcante, nesse se apresenta de modo sutil, como que a nos preservar da delicadeza desse passeio onírico pelos quadros de Van Gogh. É fato que o jovem, ao adentrar nos quadros, dialoga com Van Gogh, já de há muito morto, e com as lavadeiras, presença materializada apenas no quadro em que ele inicialmente configura para essa viagem onírica. Também não deixa de ser significativo que tanto a viagem, como o fim da apreciação dos quadros, aconteça na última obra de Van Gogh. Detalhes que nos mostram a finitude a permear a vida de modo indelével.

Kurosawa, em tantos detalhamentos, nesse filme considerado por muitos analistas com autobiográfico, faz com que uma simples introspecção desse entrelaçamento com a temática da morte seja mais do que prenúncio de preocupação com a temática. Ao contrário, mostra a necessidade de se trazer a finitude representada pela morte à consciência de modo simples e transparente.

Um passeio transcendente ao universo da obra de Van Gogh transposto à nossa própria vida, em reflexões e apontamentos das diferentes estimulações, provocados ao longo da trama. Vidas entrelaçadas na arte e que nos levam ao encontro da preciosidade da própria vida, nesse enlevo de sonho que nos é apresentado.

Emoção do filme transposto à emoção de um quadro em que os detalhamentos de inquietação da própria alma enfeixam-se e tornam-se uma só realidade. Nossa cotidianidade, sempre tão cheia de asperezas e desatinos, encontra na arte o repouso em que é possível o equilíbrio para se harmonizar a inquietação do espírito. Merleau-Ponty[113] assevera que o pintor atinge-nos por meio do mundo tácito das cores e das linhas, dirige-se a um poder de decifração não formulado em nós que, justamente, só controlaremos depois de tê-lo exercido cegamente, depois de ter amado a obra. No sonho, temos Van Gogh dizendo que a obra se apossa dele de modo que ele mesmo não consegue definir. Isso se materializa de tal sorte que vemos, então, uma total harmonia entre a beleza da paisagem exibida e o que é transposto para a tela.

O fascínio de transpor para uma tela a paisagem que está diante do artista funde-se com a magia do cinema, em que as imagens fazem-nos sonhar além da própria dimensão da razão e de seus tentáculos operacionais.

Se é fato, como se diz sabiamente, que a grande missão do artista é trazer leveza e paz a um mundo conturbado e desesperançado, esse sonho é perfeitamente a síntese dessa junção. Kurosawa e Van Gogh, dois artistas esplendorosos a emprestar suas sutilezas, a nos envolver e impregnar nossas almas de cor e luz.

[113] *O olho e o espírito, op. cit.*

Em trabalho anterior,[114] afirmamos a necessidade de se relativizar conceituações severas sobre sofrimento psíquico e suas intercorrências. Pessoas como Van Gogh, estigmatizadas como *doentes mentais*, inclusive com internações em hospícios, estão a sinalizar que o seu possível sofrimento, mais do que uma simples anomalia de suas almas, pode ser também a fonte maior de inspiração para suas criações. Difícil concepção a ser efetivada, pois toda e qualquer tentativa de explicação para sua genialidade se esvai diante desses enquadres que tentam colocá-lo em entidades nosológicas, criadas pela psiquiatria contemporânea no afã de explicar determinadas ocorrências humanas.

Uma existência humana não pode ser confinada a conceitos científicos, ou ainda, o que é pior, a entidades nosológicas, que, no afã de tentar enquadrar sua compreensão, nada mais fazem do que nos distanciar da verdadeira amplitude da alma humana. Kurosawa mostra-nos, com seu requinte, o tanto que ainda precisamos caminhar em direção a novos parâmetros e patamares para minimamente tangenciarmos a alma humana, em seus fascinantes detalhamentos e desdobramentos.

SONHO SEIS

XII – Descrição da trama

Um grupo de pessoas grita e corre desesperado ao pé de um vulcão em erupção. O jovem que já se fez presente em outros sonhos conversa com um homem muito bem vestido, e com uma mulher com duas crianças. Ele pergunta se é o Fuji que está em erupção. O homem responde que é algo pior, pois a Usina Nuclear com seis reatores está explodindo. Mas a cena mostra o vulcão lançando suas larvas e cobrindo totalmente tudo o que encontra pela frente. As pessoas correm desesperadas; após uma grande explosão, não se vê mais nenhuma pessoa, apenas destroços incontáveis. Apenas o jovem, o homem bem vestido e a mulher com as crianças parecem ter sobrevivido à tragédia. A mulher diz que não adianta tentar fugir, pois o Japão é pequeno e não teriam para onde ir. O jovem pergunta onde estão as pessoas que até há pouco corriam e gritavam

[114] ANGERAMI, V. A. A psiquiatria sob Sartre. Uma psiquiatria humana. In: ANGERAMI, V. A. (Org.). *Psicoterapia fenomenológico-existencial*. Belo Horizonte: Artesã, 2017.

desesperadas. O homem mostra o mar e diz que todos foram tragados pelas águas. A mulher vê os golfinhos afastando-se da costa e diz que eles têm mais sorte, pois vão conseguir fugir. O homem diz, então, que não adianta fugir, que a radiação irá alcançá-los. Em seguida, mostrando as cores do acidente, diz que o vermelho é plutônio 239, e que basta um milionésimo grama para provocar câncer. Mostra o amarelo e diz que é estrôncio 90, e que provoca leucemia. E que o roxo era césio 137, que afeta a reprodução, produzindo mutações genéticas e criando monstros.

O homem diz ao jovem e à mulher, atônitos, que a estupidez humana é inaceitável, pois a radioatividade era invisível, e que, por causa do perigo, coloriram-na. E isso só permite saber qual tipo vai matá-lo. É o cartão de visitas da morte. O jovem, então, argumenta que a radiação não mata de uma vez. Ao que o homem responde que a morte lenta é pior. A mulher grita que morte é para os adultos que já viveram, e não para as crianças. O homem diz que esperar a morte não é viver. A mulher, inconformada, diz que foram enganados, pois diziam que as usinas eram seguras, e que ela mesma irá matar os responsáveis por essa tragédia. O homem, então, diz que ele é um dos que merecem morrer, corre em direção ao mar e desaparece. O jovem corre em sua direção, mas apenas observa águas revoltas sem localizar o homem.

XIII – Análise cinematográfica e de conteúdo

Nesse sonho, Kurosawa, mais uma vez, de maneira bastante contundente, retoma o tema de sua preocupação, a destruição ambiental. Aqui ele aborda a sempre polêmica criação de usinas nucleares, criadas inicialmente para substituir fontes energéticas que estão sendo saturadas pela alta combustão e aniquilamento de seus elementos básicos. E não deixa de ser elucidativa a fala da mulher, após o acidente que dizimou milhares de pessoas, que sempre ouvira que essas usinas eram seguras e não apresentavam risco algum às pessoas que viviam em seu entorno. Ela simplesmente afirma que, se os responsáveis por essa usina não tivessem morrido, ela mesma os mataria. É dizer que o inconformismo diante dessa atrocidade representada pelas usinas nucleares é algo sempre muito tangível ao nível da emoção, sem qualquer balizamento da razão. Basta uma simples consulta aos diversos acidentes nucleares acontecidos ao longo do mundo, e uma ideia de seu teor de devastação ambiental e de destruição humana será mostrada sem qualquer posicionamento contrário. O que é mostrado nesse sonho, com suas reflexões diante da destruição provocada pela usina nuclear, é a maneira totalmente indefensável em que a população se vê colocada diante dos desatinos de seus governantes.

Não deixa de ser tragicômica a situação em que o homem simplesmente diz que os responsáveis pela usina coloriram os elementos de destruição para que fossem identificados. Na realidade, tal atitude de nada adiantava, pois todos eram fatalmente letais, apenas seriam identificáveis. A mesma impotência das pessoas refletidas no sonho é o que igualmente sentimos, quando nos debruçamos sobre publicações e reflexões sobre essa realidade nuclear. Estamos reféns desses desatinos governamentais, seja na imposição de usinas nucleares, seja ainda na realidade de bombas altamente destrutivas, que permeiam o poderio bélico das principais nações do mundo, o que é simplesmente aterrorizante, mas ao que assistimos impotentes, pois manifestações pacíficas sequer sensibilizam minimamente tais nações.

Kurosawa projeta nesse sonho o que seria a devastação provocada por um acidente nuclear. O desespero das pessoas correndo para todos os lados, e até mesmo sem saber para que lado prosseguir, é apenas uma maneira de mostrar que, em situações similares, o que foi retratado nesse sonho será apenas fragmento do que realmente acontece nessas calamidades. Isso sem dizer das consequências futuras, seja pela mutação genética, muito bem pontuada no filme, seja pelas atrocidades de destruição que um acidente dessa monta provoca.

Acidentes ambientais, mesmo que não sejam de origem nuclear, sempre trazem em seu bojo destruição a tudo que de alguma maneira gravita em torno da natureza destruída. E quando apresentam os componentes dos elementos nucleares, temos, então, algo cuja destruição é simplesmente indefinível, e até mesmo inominável. Absurdamente, por maiores que sejam os efeitos destrutivos e aterrorizadores das usinas nucleares, nada, absolutamente nada, é feito no sentido de se tentar estancar tal idiotice. É como se, diante de todas as manifestações pacifistas, sejam por meio de filmes, como no caso de Kurosawa, ou de outras manifestações artísticas e mesmo políticas, o que temos é um total desprezo por aqueles que dominam o poder mundial e impõem toda sorte de desatino nuclear e de outras formas de destruição ambiental, sem qualquer constrangimento. Também sem encontrar quem minimamente inibe sua devastação planetária.

Nesse sonho, Kurosawa não se utiliza de música, deixando apenas o som da tragédia. Então, temos a fúria das chamas sendo lançadas ao espaço e o grito de desespero das pessoas. Algo verdadeiramente ensurdecedor. Após o acidente, ele deixa apenas como fundo o som do mar intempestivo. E, naturalmente, a fala dos protagonistas. Como seus diálogos sempre são angustiantes, temos, então, uma perfeita amálgama dos efeitos do terror que a destruição promove nas pessoas. Sofremos com o desespero das pessoas tentando fugir dos efeitos da destruição nuclear, ao mesmo tempo que nos vemos totalmente impotentes para qualquer ação que seja contrária a isso tudo.

Na contemporaneidade, em que muitas vezes a rebeldia contra o poder constituído faz-se por meio das redes sociais, a obra de Kurosawa é um chamamento para outras formas de ação. Algo para nos tirar desse quietismo e imobilismo representado pelo comodismo de se achar que estamos fazendo política e nos posicionando contra as imposições autoritárias e agressivas do poder constituído, apenas e tão somente com postagens das mensagens nas redes sociais. Divulgar ideias e mesmo denúncias pelas redes sociais impõe uma divulgação instantânea para inúmeras pessoas; igualmente, é verdadeiro que isso por si não basta. Ações mais contundentes também são necessárias para que atrocidades governamentais não nos acometam tão impunemente. Isso Kurosawa escancara, pois suas imagens mostram que o efeito devastador das usinas nucleares, e até mesmo de outras formas de destruição ambiental, exige ações mais diretivas e contundentes contra o poder econômico mundial. O mais incrível nisso tudo é que imagens tão contundentes não têm o poder de sensibilizar os detentores do poder, pessoas gananciosas que, em busca de lucros cada vez maiores, não possuem a menor compaixão para com o sofrimento humano e ambiental que estão efetivando com suas ações predatórias.

Talvez sejamos sonhadores, e mesmo ridiculamente sentimentais, ao tentarmos sensibilizar pessoas em busca de uma sociedade mais justa e fraterna. E sem considerarmos que os detentores do poderio econômico não têm a menor sensibilidade e mesmo culpa pela destruição que efetivam.

As sensações provocadas por esse sonho vão desde o terror diante dessas catástrofes ambientais, até reflexões de nossas posturas diante desses acontecimentos. A inquietação que nos domina no desenrolar da trama é bastante significativa no tocante a indicar que algo em nós exige mudança. Somos fragilidades lançadas a turbulências incontidas diante da destruição projetada na tela. Os horrores da destruição, o desespero das pessoas, o ruído enlouquecedor dos lançamentos das chamas na atmosfera, os gritos, tudo, enfim, o que significa desesperança e o fim de qualquer sonho e ilusão.

Nesse sonho, a morte surge como presença pela destruição do homem pelo próprio homem, e não como parte inextricável da condição humana. A morte é algo que termina com a vida humana e é provocada pela ganância de alguns poucos em detrimento de muitas vidas. Aqui temos a antecipação da morte provocada pelas intempéries humanas. A morte promovida pela insanidade humana não algo fortuito, que a todos acomete em dado momento da vida. É uma situação em que somos vítimas de desatinos econômicos, e estamos completamente à deriva de tudo o que minimamente implica dignidade humana.

Na medida em que esse sonho lança-nos a uma possibilidade real diante da existência de tantas usinas nucleares, o que temos de verdadeiro é o confronto de nossos medos e limitações com algo que pode nos suceder a qualquer momento e nos apanhar totalmente indefensáveis. Tal qual ocorre no filme, em que as pessoas correm e gritam desesperadamente, mesmo sabendo que não terão saída para o que estão vivendo. Os horrores de um acidente nuclear estão presentes em nossa realidade de modo absurdamente real, sem que tenhamos, na maioria das vezes, consciência da extensão do alcance de possíveis desastres, tampouco de sua área de abrangência. E não se trata de alienação ou de desinformação, detalhes que nos distanciam de muitas das ocorrências da cotidianidade. No caso das usinas nucleares, isso é decididamente mostrado pela fala mãe com as crianças, ao dizer que simplesmente afirmaram que a população não corria qualquer perigo com a existência e funcionamento da usina. Há informações que são transmitidas à população sem qualquer contraponto especializado que minimamente possa rebater explicações tão simplistas em questões tão destruidoras e avassaladoras.

Imagens que nos deixam totalmente estarrecidos, ao ver o desespero das pessoas diante de catástrofe tão real no cenário atual. Não se trata daqueles filmes em que monstros criados pelos diretores destroem grandes cidades em suas fúrias, e dos quais a população corre assustada.

Nesses filmes, prédios são destruídos, carros atirados ao longe como se fossem meros e pequenos objetos desses monstros. Mas, no sonho de Kurosawa, não é isso que ocorre, pois ele nos espelha de modo dramático uma realidade presente em nossa sociedade contemporânea, e cujo risco está muitas vezes distante da nossa consciência, mas não de sua ocorrência. Tais riscos insistem em existir, a despeito de nossa ação e conhecimento. Somos iludidos por informações contraditórias sobre a segurança dessas usinas, e quando a mulher afirma o direito que as crianças têm de viver, o que vemos de fato é o escancarar de uma realidade brutal que nos afronta de maneira cruel e nos torna reféns de nossa própria capacidade de reação.

Vidas soterradas pela lama, larvas e nuvens químicas. Destruição que contempla não apenas pessoas, mas absolutamente tudo o que estiver ao redor e ao alcance dessa fúria destruidora. Ainda que se queira argumentar que Kurosawa usou uma infinidade de recursos técnicos para mostrar cenas de tamanha destruição, evidentemente que o impacto que elas provocam advém do fato de que são absurdamente próximas do que se pode conceber como real diante de situações similares. É perfeitamente imaginável que o horror mostrado nessas cenas de destruição seja próximo de um acidente nuclear dessas proporções. Pessoas desesperadas buscando para onde fugir é o que mais se aproxima da ideia que se tem de uma destruição nesses moldes. Temos a configurar que as imagens de Kurosawa tendem a se transformar em realidade em futuro breve. Como se fossem projeções futurísticas de algum vidente, o que temos diante de nossos olhos são imagens reais da catástrofe que a humanidade já enfrenta em diferentes localidades do mundo.

O olhar de Kurosawa é objetivo e não permite devaneios. Trata a destruição de maneira plena e não apresenta condições de defesa para a população vítima dessa tragédia. Situação similar a tantos acidentes nucleares já vividos nos mais diferentes cantos do planeta, e todos sem qualquer punição aos responsáveis tanto pela construção dessas usinas, verdadeiros arsenais bélicos de destruição, como aos responsáveis diretos pelas falhas no sistema operacional na provocação desses vazamentos fatais.

Kurosawa mostra-nos um cinema muito além da ideia simplista de algo projetado para um simples entretenimento dos espectadores. É algo além da nossa capacidade de síntese e assimilação da realidade.

Nesse sonho, seu compromisso com um mundo melhor, que não sofra as consequências dessa destruição ambiental tão severa e cruel, é o que de mais digno e admirável se pode depreender de sua obra.

Mestre Kurosawa surpreende-nos a cada cena, e verdadeiramente podemos afirmar sem medo de erro, ou mesmo de exageros, que assistir a seus filmes é dádiva que a vida se nos propicia, e da qual sempre teremos a agradecer e partilhar no universo da fé inquebrantável de uma sociedade mais justa, digna e fraterna.

SONHO SETE

XIV – Descrição da trama

O jovem caminha por um campo totalmente devassado. Ouve um som estridente do vento e não vê qualquer vestígio de vida. Na sequência, surge, ao longe, uma figura muita estranha que se aproxima. Em tom agressivo, pergunta ao jovem se ele é humano. Ele responde afirmativamente, e o estranho diz que também já foi humano. O jovem pergunta se ele é um ogro, ao que este responde afirmativamente. Em seguida, mostra as flores e plantas com sérias devastações e diz que foi consequência das bombas nucleares. Diz ainda que, pela estupidez humana, ali onde era um lindo campo florido agora é um local devastado, tendo flores e plantas com sérias mutações genéticas.

Mostra ao jovem uma *rosa* e um *dente de leão*, flores totalmente deformadas de sua configuração original. Conta que eles não têm alimentos, e que estão passando fome. O jovem pergunta o que eles comem. O ogro diz que os ogros de hierarquia superior comem os inferiores. Mesmo lá existe uma hierarquia de ogros, e quem tem dois ou três chifres come quem tem apenas um, como é o caso dele. Chora e diz que não quer morrer, mas sabe que seu dia está chegando. E ainda chorando diz que era fazendeiro e que jogava leite no rio para provocar aumento nos preços. Assim também enterrava batatas e beterrabas na terra com trator com essa mesma finalidade. Agora estava passando fome. E tudo por conta da estupidez humana.

Relata ainda que os ogros dessa hierarquia estão condenados a sofrerem eternamente, pois, além de não morrerem, ao cair da noite sentem dores tão fortes como câncer nos chifres. Caminham juntos até chegarem aonde se encontram vários ogros, e então eles presenciam os gritos de dor do grupo.

O jovem então se afasta do ogro e daquela cena, e volta a caminhar pelo campo totalmente devastado com o som furioso do vento.

XV – Análise cinematográfica e de conteúdo

No sonho anterior, Kurosawa mostrou-nos os horrores da explosão de uma usina nuclear. Nesse, ele mostra a destruição provocada pela radiação nuclear. Esses dois sonhos poderiam muito bem ser denominados de pesadelos, pois, se os anteriores traziam à baila a questão da morte em diversas formas de detalhes e questionamentos, esse e o anterior mostram a destruição provocada pela estupidez humana, em uma de suas formas mais cruéis, a contaminação decorrente de explosões nucleares. A projeção das imagens desses dois sonhos sobre o significado desse risco nuclear é algo que verdadeiramente, mais do que nos deixar totalmente atônitos diante de imagens tão aterradoras, deveria ser um referencial de sustentação para que as causas ambientalistas não esmorecessem jamais. Simplesmente aterrorizante tudo que é mostrado nesses dois sonhos, e mais do que um festival de horror, temos à nossa frente um breve panorama projetivo do que pode significar em vários níveis um acidente nuclear dessas dimensões.

Os sentimentos que experimentamos diante dessas imagens variam desde o sofrimento inusitado do horror de uma catástrofe nuclear, até a própria imprevisibilidade diante da morte por ocorrências provocadas por atos de desatinos humanos. Na medida em que a temática da morte configura-se como um dos maiores mistérios da condição humana, e por assim dizer uma das coisas que mais atemoriza as pessoas, temos nesse sonho a real configuração da destruição imposta pela sandice dos homens.

Somos levados ao confronto de imagens que nos mostram a dimensão das mutações provocadas pelos acidentes nucleares em diferentes configurações simbólicas. Assim, temos desde a transformação de homens em ogros até a total desfiguração de flores e vegetações tradicionais. Tudo é devastado de modo inextricável, sem que exista qualquer balizamento a impedir essa fúria destrutiva.

A narrativa do ogro de que não tinha o que comer, restando apenas a condição de que um coma ao outro impiedosamente, é simplesmente surreal diante da nossa percepção. E tem como agravamento a narrativa de que o ogro, no passado, era fazendeiro e destruía diversos tipos de alimentos para provocar a alta de seus preços. É a miserabilidade humana em seus contornos mais dramáticos, pois, se temos uma realidade socioeconômica em que apenas os mais desfavorecidos e combalidos experimentam a fome em suas agruras, temos nesse sonho uma projeção do tanto que a fome será a realidade de todos diante de um acidente nuclear. E isso, além de praticamente inatingível por nossa percepção, é mais do que aterrorizante, pois se trata de algo simplesmente inimaginável aos nossos padrões mínimos de medo e até mesmo reflexão.

SONHO OITO

XVI – Descrição da trama

O jovem chega a uma aldeia de paisagem paradisíaca. Um lindo rio correndo e apresentando em seu leito vários moinhos de água. Ele observa, na extremidade de uma ponte, que várias crianças depositam flores sobre uma grande pedra que ali se encontra. Ele encontra com um ancião e inicialmente pergunta o nome daquela aldeia. O velho diz que o lugarejo não tem nome, mas que muitos o chamam de Aldeia dos Moinhos de Água, em razão dos inúmeros moinhos ali existentes, mas esse não é o nome, pois a aldeia não tem nome. O jovem observa que lá eles não têm luz elétrica, ao que o ancião responde que possuem a luz das velas e óleo de linhaça. E acrescenta que os habitantes da aldeia decidiram viver uma vida sem os recursos da modernidade, preservando a vida natural. Afirma que não sente falta da luz elétrica, pois essa o impediria de ver as estrelas na noite.

O jovem diz que observou vários arrozais, mas que eles não possuem máquinas para trabalhar nesse cultivo. O ancião informa que eles têm cavalos, bois e força humana para trabalhar nessa empreitada, e que usam recursos naturais, como o carvão das árvores que caem por serem velhas, além de estrume dos bois.

O jovem pergunta a razão pela qual as crianças colocam flores sobre aquela pedra junto à ponte. O ancião responde que ali morreu uma pessoa e que, por essa razão, prestam-lhe homenagem pelas flores. O ancião diz ainda que não gosta quando crianças morrem, e que na aldeia, pela qualidade de vida que possuem, os habitantes todos vivem muitos anos. O jovem pergunta sua idade e ele responde que tem 99 anos.

Surge ao longe uma música ritmada com um grupo tocando e os demais seguindo em ritual bastante alegre. O jovem pergunta o que era aquilo, e o ancião responde que era um funeral, e que estava muito animado. Pede licença ao jovem e se junta ao grupo em seu ritual. O jovem então caminha para se ir embora da aldeia, não sem antes depositar flores na pedra junto à ponte.

XVII – Análise cinematográfica e de conteúdo

De todos os sonhos, esse aborda a questão da morte de maneira delicada, ao mesmo tempo sem apresentar situações de desespero e angústia, principalmente como os dois sonhos anteriores. A morte é mostrada como algo que, sim, coloca fim à vida, mas que deve ser encarada em seu próprio constitutivo. Até mesmo o cortejo alegre, na realidade, o funeral de um morador da aldeia, é indício de que eles aceitavam a morte como um determinante de fim da vida, mas jamais algo que necessariamente teria que aterrorizar as pessoas.

De outra parte, quando Kurosawa evoca a pureza e singeleza da vida dos habitantes dessa aldeia, novamente ele está bradando um grito de resistência contra as atrocidades cometidas pelo homem em sua vida de total destrutividade, tanto do planeta como de si mesmo.

O fato de o ancião dizer que prefere ver as estrelas na noite a ter luz elétrica nas ruas é indício de valorização de uma vida em interação com a natureza e distante dos ditames tecnológicos modernos. O jovem a tudo ouve com um ar de inquietação e estupefação. Afinal, não era crível que ainda existisse, em plena contemporaneidade, um local em que se preferia a luz de velas e de óleo de linhaça ao conforto da luz elétrica, e que também se preteriam os recursos de máquinas para utilização da força de cavalos e bois. Se não bastasse, o ancião fala da energia que produziam com carvão de árvores que haviam caído naturalmente. Tudo insólito em uma sociedade cada vez mais consumista, e que não tem qualquer constrangimento e escrúpulo na destruição de seus recursos naturais para a imposição de suas necessidades tecnológicas. É possível relacionar este aos sonhos anteriores em que a usina nuclear tem uma explosão com todo o seu componente de destruição, justamente uma das criações modernas para tentar compensar a escassez de recursos naturais que se afigura em futuro próximo.

O cenário paradisíaco da aldeia com os moinhos de água exibidos no rio que corre límpido é verdadeiramente um alívio aos nossos olhos e sentidos após a exibição dos sonhos anteriores, envolvendo a usina nuclear e seus efeitos de destruição.

Em dado momento, é como se estivéssemos à deriva de uma emoção maior do que a racionalidade e que nos impelisse a deixar a modernidade, com todo seu aparato e arsenal tecnológico, para buscarmos uma vida simples e sem qualquer vestígio com a contemporaneidade consumista.

O contraste de delicadeza desse sonho com os imediatamente anteriores é evidente, e provoca um contraponto sobre a questão da qualidade de vida das pessoas dessa aldeia. Através do despojamento dos recursos tecnológicos, os habitantes da aldeia buscaram algo de superação em sua própria materialidade. Sem o consumismo contemporâneo e com uma vida simples, eles conseguem a longevidade sem qualquer esforço. O ancião afirma que a maioria atinge os cem anos de idade, gozando de plena saúde. Isso é tocante na reflexão, pois a morte, ao surgir, sem dúvida coloca fim à vida, mas a uma vida plenamente vivida, em harmonia com a natureza e com as pessoas da aldeia. Na realidade, aqui temos também outro ponto importante de reflexão, pois no momento em que as relações interpessoais estão totalmente esgarçadas em detrimento do avanço tecnológico, o que vemos na aldeia é algo totalmente oposto. O ancião diz para o jovem do modo de vida das pessoas e da riqueza da interação existente entre elas.

Esse episódio descreve verdadeiramente uma situação de sonho, pois as relações interpessoais das pessoas da aldeia, descritas pelo ancião, verdadeiramente são idealizadas de modo a dificilmente serem encontradas na realidade. Isso até mesmo nas pequenas aldeias de muitos países europeus, ou mesmo nas cidades pequenas do interior do Brasil. Um dos aspectos que essa idealização não considera é justamente a própria condição humana, que torna muito difícil as mais diferentes formas de convivência entre as pessoas.

O sonho idealiza uma sociedade sem fraturas expostas e sem conflitos humanos de qualquer natureza. Isso decididamente não existe na realidade humana. Experiências comunitárias que se uniram com propósitos bastante claros de se posicionarem contra o modo de vida moderna, sejam os *hippies* da década dos anos 60 do século passado, ou ainda a vivência em comunidades agrícolas ou campestres, esbarraram, em sua totalidade, na dificuldade de harmonia nas diferentes formas de relações interpessoais.

A aldeia, com seu cenário paradisíaco e seus moinhos de água, leva-nos a um sonho de projeção de uma vida distante dos ditames tecnológicos que nos distanciam cada vez de relações interpessoais prazerosas, ou minimamente satisfatórias. E isso sem entrarmos no mérito da discussão da possibilidade de que alguém com a vida totalmente estruturada na modernidade das grandes cidades, com todo o seu arsenal de problemas, trânsito caótico, violência, dificuldades de infraestruturas, etc., seria realmente capaz de largar tudo para viver em local que sequer possuísse luz elétrica.

Estamos diante de um sonho, projetado como um sonho que por instantes nos tira de nossa realidade infernal e nos leva para um local paradisíaco que acreditamos real. Um local em que poderíamos viver sem a necessidade de tantos apetrechos consumistas que infestam a vida moderna. Um paraíso em que o contato direto e extremado com a natureza compensaria a renúncia de tantos apegos que o consumismo capitalista impõe às nossas vidas.

Os recursos cinematográficos, e principalmente fotográficos, que Kurosawa utiliza nesse sonho evidencia com muito vigor a projeção desse cenário de sonho de uma realidade social tão almejada. Sociedade sem as vicissitudes da vida contemporânea, em que a harmonização das pessoas com a natureza e entre si projeta-nos para uma idealização verdadeiramente onírica.

O mestre Kurosawa encerra sua sequência de sonhos com algo muito delicado a nos acarinhar a alma. Leveza para reflexão de que a vida precisa ser intensamente vivida sem a questão da tecnologia, que nos torna reféns de aparatos e apetrechos, que o mais que provoca é justamente o distanciamento e o empobrecimento das relações interpessoais.

Sonhos, sonhos a nos embalar a vida e até mesmo nossa realidade de tanta crueza, de tão acinzentada pelos desígnios da vida. Nada a nos impedir de sonhar coisas tão belas e tão significativas em nosso constitutivo humano.

Kurosawa utiliza seu principal instrumento para nos levar a uma reflexão rumo à construção de uma sociedade mais digna, justa e fraterna, onde não sejamos escravos da tecnologia e da destruição ambiental, que, além de ceifar inúmeras vidas totalmente indefesas, ainda nos aniquila em nossa própria humanidade.

Trata-se de um filme que não apenas nos impele a uma nova consciência da destruição ambiental, mas principalmente da inserção humana no meio ambiente. E o tanto que a destruição de uma é igualmente a da outra.

Um dos aspectos mais prementes nessa sequência de sonhos é a constatação de que talvez a imersão em nossa cotidianidade nos impeça de ver e refletir, de maneira sistematizada e consistente, a destruição que está nos envolvendo e carcomendo nossas vidas impiedosamente.

FILME: CIDADE DAS MULHERES

Título original: La città delle donne

Direção: Federico Fellini

Música: Luis Bacalov

Diretor de fotografia: Giuseppe Roturno

Distribuição: DVD Versátil

Ano de lançamento: 2004

Elenco principal: Marcelo Mastroianni, Anna Prucnal, Ettore Manni

I – Palavras iniciais

Wiegand[115] talvez tenha sido quem melhor definisse Fellini, ao denominá-lo em sua obra como mestre de cerimônia de sonhos. Decididamente é muito difícil encontrar outra definição para Fellini, tal a exuberância de seus filmes e a maneira como lidou com os diversos enredos com os quais trabalhou. Seus filmes apresentam uma quantidade de tão grande de cenários que fica difícil articular qualquer lógica para tentar compreendê-lo, ou até mesmo defini-lo. *Cidade das mulheres*, por exemplo, é um corolário indefinível de situações que acometem o principal personagem de seu enredo, de modo que fica difícil definir em que

[115] *Fellini, mestre de cerimônia de sonhos, op. cit.*

momentos assistimos a situações oníricas e, ao contrário, quando estamos diante da própria realidade. Fellini, na maioria de seus filmes, contou com a música maravilhosa de Nino Rota, e ambos praticamente se tornaram binômio indivisível de música e cinema. Durante as filmagens de *Cidade das mulheres*, Nino Rota faleceu, e não apenas não concluiu esse trabalho, como se tornou ausência nos demais trabalhos de Fellini.[116] Não deixa de ser hilário, ou felliniano, para usarmos uma expressão consagrada a partir de seus filmes, que o grande musical produzido por Fellini, o maravilhoso *E La Nave Va*,[117] não tenha contado com a música de seu grande parceiro de sonhos e magia.

Se *Cidade das mulheres* não conta com a música mágica de Nino Rota, o mais notável ator de Fellini, Marcelo Mastroianni, presente em seus principais filmes, aqui se mostra em uma de suas maiores atuações. Ele é considerado por muitos como o alterego do próprio Fellini. De fato, desde filmes como *Fellini 8 ½*,[118] obra considerada autobiográfica, como dissemos anteriormente, a atuação de Mastroianni é conduzida como sendo inerente às próprias especificidades do mestre Fellini. Em outra obra memorável, *Nós que nos amávamos tanto*, de Scolla, este homenageia Fellini com uma cena em que uma das personagens da trama vai a um *set* de filmagens para testes, e lá se depara com a estrutura inerente a um estúdio. Quando vemos o diretor que está em ação, assistimos ao próprio Fellini atuando. Foi uma maneira grandiosa de Scolla homenagear o grande mestre Fellini; quando essa cena é mostrada nesse *setting*, ele está com Mastroianni, como que definindo que *set* de filmagens de Fellini tem que necessariamente ter sua presença. A música de fundo, naturalmente, era de Nino Rota. Embora Fellini, em vários de seus filmes, inseria-se em rápidos flashes com participação de ator, somente nesse filme de Scolla é que ele é apresentado filmando, executando sua maestria com a câmera em mãos.

Além da expressão felliniana que define situações de absurdidade, e que naturalmente tiveram origem em seus filmes, Fellini consagrou outra expressão que ficou mundialmente conhecida, e que igualmente se

[116] *Ibidem, op. cit.*

[117] *E La Nave Va, op.cit.*

[118] *Fellini 8 ½, op. cit.*

origina em um de seus filmes. Trata-se da expressão *paparazzi*, usada para definir fotógrafos impertinentes e abusivos. Na realidade, é uma alusão à Paparazzo, fotógrafo de *La Dolce Vita*,[119] que igualmente perturbava as pessoas de modo significativo em busca de fotos expressivas. *La Dolce Vita* também se torna referência da cultura e arte italiana. Nesse filme, existe a famosa cena da Fonte de Trevi, que havia sido reproduzida nos estúdios Cinecitá, onde Fellini filmava. Para se ter dimensão da importância dessa cena e do filme em si, quando Mastroianni morre, anos depois, o governo italiano, para homenageá-lo, coloca uma bandeira preta na verdadeira Fonte de Trevi, em sinal de luto.

Cidade das mulheres marca o retorno de alguns temas bem familiares de Fellini. Iniciando com mais uma viagem de trem, o filme torna a investigar o sexo, o voyeurismo, a fantasia e o mundo mágico dos sonhos, tema que explorou como ninguém. Mais uma vez temos a figura de Marcelo Mastroianni como seu alterego. Uma voz feminina, logo no início, em *off*, ironiza: *Marcelo outra vez? Mestre, por favor.*

A ideia de *Cidade das mulheres* partiu de um encontro de Fellini com Bergman, durante o qual os idealizadores decidiram elaborar um filme em duas partes com um tema comum. Bergman concebeu a história de um caso amoroso, enquanto Fellini e seu escritor Zapponi[120] esboçaram um conto acerca de um conquistador feminino confrontado com um grupo de feminista. O filme, que seria intitulado de Dueto de Amor, nunca chegou a se concretizar. Entretanto, cada conto cresceu até se tornar um longa-metragem próprio. O de Bergman foi o seu primeiro filme em língua inglesa, *O amante*,[121] estreado em 1970. *Cidade das mulheres* demorou mais uma década para ganhar configuração. Foi influenciado pela amizade de Fellini com o romancista Georges Simenon, que dizia ter dormido com 10.000 mulheres, e que serviu como modelo para o Dr. Katzone, uma das personagens centrais do filme.

Esse filme também apresentou inúmeras dificuldades para Fellini e, tal ocorreu principalmente em *Fellini 8 ½*, foi um processo de intensa superação. O produtor inicial, Bob Cuccione, retirou-se do projeto,

[119] FELLINI, F. *La Dolce Vita*. São Paulo: DVD Versátil, 2002.

[120] *Federico Fellini, mestre de cerimônia de sonhos. Op. cit.*

[121] BERGMAN, I. *O amante*. São Paulo: DVD Versátil, 2004.

quando o orçamento inicial foi ultrapassado significativamente. Foi substituído por Daniel Toscan Du Plantier. As dificuldades ainda na fase de produção começaram quando Nino Rota, o grande compositor musical de seus filmes, seu parceiro de tantos filmes e décadas de trabalho, morreu. Continuaram os problemas quando o ator Ettore Manni morreu seis semanas depois do início das filmagens, e estas precisaram ser interrompidas para que os roteiristas pudessem mudar os argumentos da trama. Mastroianni teve um terçol que infeccionou, tendo por isso de ser submetido a várias operações, o que naturalmente retardou a conclusão do filme. Fellini, nesse período, teve uma fratura em um dos braços e ficou afastado por uma semana da direção. Pode-se dizer que *Cidade das mulheres* foi concluído por algum milagre dos *Deuses da Cinefilia.*

O próprio Fellini descreve *Cidade das mulheres* como sendo inteiramente um sonho.[122] Certamente foi um de seus filmes mais criticados, de antifeminista, entediante, repugnante e repetitivo em sua tentativa de inovação. É acusado ainda de se valer das ideias de outro filme anterior, *Julieta dos espíritos.* Com a definição de ser um sonho, Fellini praticamente se livra de muitas dessas críticas. Ele foi ridicularizado pelos críticos em uma das cenas em que o simbolismo freudiano óbvio foi utilizado, segundo essa crítica, de maneira jocosa – Katzone beija e acaricia uma estátua de sua mãe.

As críticas ferozes e contundentes que incidiam sobre seus filmes são indícios de que a obra do Mestre Fellini, mais do que afrontar a formatação tradicional dos filmes, confronta também valores pessoais e sociais.

II – Descrição da trama

O filme inicia em um vagão de trem. Snàporaz, a personagem vivida por Marcelo Mastroianni, abraça uma mulher misteriosa. Quando o trem para, ele a segue por uma floresta até que a perde de vista. Continua a procurá-la, até que chega a um hotel onde está acontecendo uma convenção de mulheres. Existem debates intensos sobre diversos temas, como casamento, relações sexuais, masturbação e felação. Ele localiza a mulher do trem, e essa o ridiculariza publicamente. Foge abruptamente

[122] FELLINI, F. *Fellini por Fellini, op. Cit.*

da convenção, mas é apanhado por uma mulher a quem tenta violentar, e na sequência também por um grupo de perigosos rebeldes. Ele consegue, então, refugiar-se na casa do Dr. Katzone, um homem de meia idade, que se identifica como sendo um libertino, e que está prestes a comemorar sua 10.000ª conquista sexual.

Em um dos principais momentos dessa estada na casa do Dr. Katzone, ele atravessa uma galeria onde se encontram detalhes de suas antigas amantes com gravações dos respectivos encontros sexuais. Ocorre também a procissão das mulheres que formaram a base de suas fantasias eróticas.

Tudo ocorre no mais estrito estilo felliniano, com cenas e imagens que se misturam e formam um mosaico que se contrapõe de maneira única. Torna-se praticamente impossível a descrição da quantidade de cenas e pequenos episódios que ocorrem durante a trama. Desde a maneira como Snàporaz é tratado pelas mulheres em situação de fúria, até detalhes desses embates, tudo, absolutamente tudo, é algo que se mistura e funde no mais perfeito sentido de uma trama que sequencialmente vai levando-nos a novos e fascinantes horizontes temáticos.

Seu período na casa do Dr. Katzone é interrompido pela chegada de um grupo de mulheres feministas, que, furiosas, querem levá-lo a um tribunal para julgamento. Ele consegue fugir, agarrando-se a um enorme balão de ar em forma de mulher. No entanto, durante a subida, é atingido por um atirador solitário, e o balão fica completamente à deriva.

Snàporaz acorda abruptamente, e novamente se encontra no trem diante de uma mulher que pergunta o que havia acontecido, enquanto ele tenta entender o que tinha ocorrido. Ela diz que há bastante tempo ele estava a falar e gemer enquanto dormia.

III – Análise cinematográfica e de conteúdo

Debruçando-se sobre detalhes na tentativa de compreensão e elucidação de alguns detalhamentos para análise, deparo-me inicialmente com a dificuldade de tentar arrolar a quantidade imensurável de filigranas dessa alucinação em forma de sonho, que caracteriza *Cidade das mulheres*. Tudo o que se pode conceber como imprescindível para que um filme seja esplendoroso está presente nessa obra.

Se a questão é tratar de um sonho através da projeção de uma trama cinematográfica, então Fellini exibe o que existe de mais complexo em termos de detalhes e emaranhamentos. Cenas que envolvem feminino, lesbianismo, machismo, antifeminismo, voyeurismo, homofobia, enfim, toda uma gama de situações que nos envolvem e vão nos arrastando em uma situação sem-fim de emoções e reflexões.

A cena da galeria dos detalhes das conquistas do Dr. Katzone é revestida de surrealismo que supera até mesmo o próprio Fellini. A superação dos incidentes envolvendo essa situação é algo não apenas de criatividade sensível, que poderia caracterizar a própria genialidade de Fellini. Também é a mostra maior dos recursos utilizados para fazer com que uma trama que se propunha a ser um sonho tivesse os mais diversos e inimagináveis conteúdos oníricos.

Os planos de câmeras utilizados por Fellini somam-se ao que é mostrado, dando uma dimensão de sonho verdadeiramente onírica a tudo que está sendo exibido.

Um sonho é algo livre, um rompante sobre o qual não se tem qualquer controle. O que Fellini nos exibe é essa liberdade onírica, sem trava de qualquer natureza. Uma cidade de mulheres cujos homens nela presentes são submetidos a julgamentos e a toda sorte de perseguições e acusações. Não existe qualquer preocupação em se enquadrar as diversas ocorrências em nenhuma forma, ou mesmo as acoplando a valores estéticos, morais, sociais, ou qualquer outra valoração que se queira arrolar.

O transcorrer da trama é livre, algo que não tem qualquer amarra, tal como um sonho real, em que colocamos imagens e pessoas completamente díspares entre si, e sem qualquer preocupação com o mínimo de lógica e determinismo.

As temáticas evocadas por esse filme transitam do onírico para a realidade com vigor e transcendência únicos. Estamos diante de uma gama tão variada de temas para análise que podemos afirmar que analisar sonhos a partir desse filme é tão somente descrever a nossa realidade perceptiva à descrição felliniana.[123]

Se é verdade que a nossa vida onírica mostra nuanças precisas de nossa própria realidade de vida, então é igualmente verdadeiro que as possíveis projeções que esse filme lança-nos são um emaranhado maravilhoso de estímulos dos mais diferentes matizes. Um dos aspectos muito fortes

[123] À noite sonhamos, *op. cit.*

de discussão trazidos por esse filme são justamente o fato de se mostrar como a vida onírica harmoniza-se com a realidade, e como se alternam em determinados momentos para a criação de novas configurações da própria realidade. Podemos alternar os sonhos despertos com os sonhos oníricos, e isso o filme exibe com maestria. É como se estivéssemos a contemplar uma das mais ricas facetas da condição humana, que é a de poder analisar-se através do fenômeno dos sonhos. Observar-se como sonhador por meio da própria simbologia atribuída aos sonhos pelo próprio sonhador.

Snàporaz vive o insucesso que lhe provoca um sentimento de solidão. E nisso não há como ser alegre. Nem mesmo Fellini preocupa-se com esse contraponto tão emaranhado e, por assim dizer, felliniano.

Snàporaz entristece-se com a admiração sem limites das mulheres que o açoitam, nessa cidade imaginária em que as formas não se enquadram em conceitos absolutos.

A fantasia inunda-nos de ideias, a todo instante e em todas as direções. O que é necessário para dar uma forma precisa a essa fantasia é encontrar um pretexto qualquer, estabelecer laços com a realidade material. A junção dos sonhos mostra que o peso do cotidiano e as necessidades de ordem material dão uma coluna vertebral às formas que a vida onírica adquire. O processo da decomposição da cidade das mulheres parece perfeitamente normal, e discuti-lo é algo bastante interessante, na medida em que deslocamos nossos próprios sentimentos para a alternância do tratamento dado ao nosso personagem. Sendo o único homem em uma cidade só de mulheres, recebe todo o tipo de tratamento possível à figura masculina nessas circunstâncias, e nossas questões mostram-se e projetam-se em intensidade que sequer pode ser dimensionada.

As discussões possíveis nesse emaranhado de fatos exibidos nesse filme devem levar os argumentos para toda a sorte de detalhes da condição humana. Mais do que uma tentativa de enquadre, tais possibilidades devem se abrir para novas concepções de compreensão dos temas trazidos à tona por essas discussões.

Dissemos anteriormente que a apreciação de determinado filme sempre dependerá da subjetivação do espectador. Então, temos uma obra que se reveste de todas as polêmicas e celeumas que podem envolver uma produção artística. O que significa dizer que as sensações suscitadas serão tão variadas que não temos sequer como engendrá-las de qualquer maneira, seja sistematizada, seja ainda sem padronização alguma.

Os aspectos projetivos que o envolvem são tão variados que seria mera e vã digressão tentar agrupá-los para qualquer forma de análise ou síntese. A cada nova apreciação desse filme algo que sempre me vem à tona é como seria o seu resultado final se a música estivesse sob a responsabilidade de Nino Rota. Certamente teríamos a díade que encantou os sonhos presentes em um arroubo de paixão e encantamento.

FILME: BAARIA – A PORTA DO VENTO

Título original: Baaria – La Porta Del Vento
Direção: Giuseppe Tornatore
Música: Ennio Morricone
Diretor de fotografia: Lajos Koltai
Distribuição: Miramax Films
Ano de lançamento: 2014
Elenco principal: Francesco Scianna, Monica Bellucci, Margareth Made, Raquel Bova

I – Palavras iniciais

Giuseppe Tornatore, ao lado de Marcos Bellocchio, configura-se na grande força do cinema italiano contemporâneo e, por consequência, mundial. Sem dúvida alguma, se todo diretor tem um filme que o protagoniza e o vinca de maneira irreversível, no caso de Tornatore essa obra é *Cinema Paradiso*.[124] Podemos dizer que se trata de um diretor que se renova e se supera a cada obra, mas a magia que impôs a *Cinema Paradiso* simplesmente é algo mágico, pois nos remete à história pessoal de todos que de alguma maneira fazem do cinema a razão de ser da própria vida. Dissemos anteriormente que ele forma com Ennio Morricone a harmonia mais perfeita entre música e cinema de toda a história da cinematografia mundial.

Tornatore faz de cada filme uma obra de arte para ser analisada em detalhes, tal o primor que imprimiu às suas produções. Se não bastasse

[124] *Cinema Paradiso, op. cit.*

o requinte da música de Ennio Morricone, ele ainda conta com o toque de classe e maestria do lendário diretor de fotografia, o húngaro Lajos Koltai, na maioria de seus filmes. Temos então algo que nos transporta para muito além do enredo, pois os detalhes impressos em seus filmes fazem com que sejam espetáculos para serem apreciados nos inúmeros detalhes que se nos apresentam. Um aspecto que o coloca no patamar dos grandes cineastas mundiais é justamente a imprevisibilidade que apresenta a cada nova obra. Ele surpreende-nos seja pela novidade mostrada em cada trama, ou ainda pela renovação dos detalhes artísticos que fazem de cada filme uma obra de arte para ser apreciada e apurada com a mesma delicadeza com que o *sommelier* aprecia um vinho especial.

Sua carreira profissional inicia-se ainda na infância, como ator teatral, e, na sequência, torna-se diretor. Em seguida, começa a fazer séries para a televisão e transpõe para os filmes sua vivência teatral. Em 1979, torna-se vereador em sua cidade, algo que também acontecerá com o personagem de Baaria. Se *Cinema Paradiso* é apontado como autobiográfico, em *Baaria*, ele, além de um retrato autobiográfico, coloca também os sonhos de uma sociedade mais justa, digna e fraterna. Uma observação mais atenta a *Baaria* identifica o cenário da cidade em que acontece a trama de *Cinema Paradiso*. Igualmente presta uma homenagem ao cinema com os protagonistas indo ao cine em diversos trechos da trama. Novamente ele projeta, na tela do cinema, a vivência das personagens presentes nas cenas de filmes clássicos que encantaram sua própria vida.

Tornatore faz sua estreia como diretor de cinema com o filme *A Camorra*,[125] e incide sobre a história do famoso chefe da Camorra, movimento mafioso urbano, Raffaele Cutolo. Lança em seguida *Cinema Paradiso*, que o coloca no patamar dos grandes diretores da história da cinematografia mundial. A partir daí, lança uma série de títulos em que a exuberância do requinte técnico, associada à força de suas tramas, faz que com sempre sejam obras magníficas.

II – Descrição da trama

O filme acontece em Baaria, nome siciliano de Bagheria, cidade natal do próprio Tornatore. Inicia-se com um grupo de meninos girando

[125] TORNATORE, G. *A Camorra*. Roma: Titanus, 2000.

pião em disputa sobre suas piruetas. Um participante de um grupo de homens que está em uma mesa de bar pede a um dos meninos que vá comprar cigarro para ele. E diz que, se ele voltasse antes de uma cusparada dada no chão secar, seria recompensado com uma boa quantia de dinheiro. O menino então sai em disparada, correndo para conseguir esse intento.

Na sequência, a trama muda para uma sala de aula em que outro menino é castigado pela professora e adormece. Sonha, e sua vida vai sendo desfiada em detalhes. Período conturbado da história da Itália.[126] Sua vida e todo o desenvolvimento de sua cidade, Baaria, são mostrados a partir de sua visão do alto de um monte de onde pode observá-la em sua totalidade. A transformação de um pequeno vilarejo, transitado por charretes, com cavalos e bois nas ruas, em uma grande cidade é detalhada em nuanças que nos arremetem a uma grandiosidade igualmente onírica.

O menino, cujo nome é Pepino Torrenueva, até sua idade mais avançada, desenvolve-se em meio aos movimentos dos quais participa ativamente, em resistência ao avanço fascista. Assim, desde situações de militância política comunista até confrontos ideológicos dos mais diferentes matizes, temos situações que se alternam entre a condição onírica e a realidade. Sonho com serpentes no próprio corpo, além de situações de muito medo diante da repressão fascista, e outros fatos em que a conexão com a realidade é sempre subjetiva.

O filme mostra a cotidianidade de uma pequena aldeia italiana, a interação entre as pessoas da comunidade, seus hábitos e detalhamentos culturais. Há aspectos que caracterizam inteiramente essa realidade, como festas religiosas, em que a comunidade saboreia uma macarronada colocada em uma mesa gigantesca, até procissões de louvor aos santos protetores.

A vida de Pepino Torrenueva, em seu desenvolvimento pessoal, e as facetas de uma luta pela própria dignidade e pela de seu país, em cujo intuito se torna deputado pelo Partido Comunista Italiano, são mostradas pareadas à construção de um relacionamento amoroso e à constituição de sua família. Ele é mostrado como pai amoroso, ao cuidar da educação de seus filhos. Também são apresentadas situações em que ele leva o filho ao cinema, e aparecem imagens dos filmes exibidos.

[126] À noite sonhamos, *op. cit.*

A transformação do vilarejo em cidade acompanha o desenvolvimento de Pepino Torrenueva pela vida com o seu consequente amadurecimento e envelhecimento.

Em uma das cenas, Pepino Torrenueva descontrola-se diante da filha e dá um tapa no rosto dela, fazendo com que seu brinco se desprendesse da orelha e não fosse mais encontrado após várias buscas.

Num repente, voltamos ao menino que dormia e sonhava.

Ao despertar desse sono profundo, assusta-se com a realidade que se transforma em seu campo perceptivo, perguntando-se se o que via era sonho, ou se o sonho era vivido quando dormia. Inclusive adentra em um ambiente que estava sendo reformado e encontra o brinco da irmã que havia sido perdido no entremeio com o pai. Ele corre e cruza em seu caminho com o menino do início do sonho, que continua a correr. E o filme termina após esse entrelaçamento de sonho e realidade.

III – Análise cinematográfica e de conteúdo

As discussões suscetíveis a esse filme são tão intensas que tentar arrolá-las em qualquer parâmetro seria apenas dar uma dimensão muito aquém de sua real grandeza.[127] São tantas as situações emergentes em ocorrências tão inusitadas que qualquer indicação de análise perde-se na grandiosa dimensão dos estímulos provocados por esse filme. Dessa maneira, são abordadas temáticas como sexualidade, feminilidade, antifeminismo, voyeurismo, emancipação feminina, machismo e tantas outras que seria quase impossível enumerá-las. Ao considerarmos os aspectos projetivos que sempre estão presentes quando nos lançamos à apreciação de uma obra de arte, temos então um conjunto de estímulos que serão lançados à nossa percepção de modo irrebatível.[128]

As temáticas evocadas por esse filme transitam do onírico para a realidade com vigor e transcendência únicos. Estamos diante de uma variedade tão grande de temas que podemos afirmar que analisar sonhos a partir desse filme é tão somente descrever a nossa realidade perceptiva a partir de devaneios, muitas vezes sem tangenciamento com a realidade.

[127] *Ibidem, op. cit.*

[128] *Ibidem, op. cit.*

Discussões bastante amplas sobre o significado dos sonhos e sua incidência na vida real tornam-se presentes de modo a ampliar sua abrangência.

A transformação da cidade vista do alto do monte por Pepino Torrenueva pode conduzir a reflexões sobre as transformações a que assistimos em nossa cotidianidade, as quais, muitas vezes, sequer a percebemos. A discussão a respeito das transformações ocorridas em nossa vida, e das quais, muitas vezes, não temos consciência, é algo desfiado pelo filme, e que seguramente nos lança em fagulhas de emoção quanto a momentos de nossa vida que foram relegados a planos secundários.[129]

Tornatore sutilmente nos conduz a uma viagem imaginária com as diferentes transformações ocorridas nas sociedades contemporâneas. O modo como Baaria transforma-se, em seus aspectos estéticos e também demográficos, é conduzido de modo a nos levar a devaneios pela passagem dessas realidades para a própria contemporaneidade. E tudo emoldurado com música e fotografias simplesmente fascinantes. O menino Pepino Torrenueva observa do alto do morro as transformações de sua cidade; de pequeno vilarejo a uma cidade populosa. E principalmente acompanha o fascismo em seus desdobramentos até sua sucumbência. Somos conduzidos em nosso imaginário pelos seus devaneios oníricos. Sonhamos com Torrenueva e acreditamos em sua luta por uma sociedade mais justa e fraterna.

Quando vemos Pepino Torrenueva adulto, cuidando de seus filhos, temos reflexões sobre a questão desse aspecto no desenvolvimento infantil. Presença sempre marcante em seus filhos, temos situações dolorosas, como o momento em que um de seus filhos muda-se para estudar, e em outro, em que se descontrola e dá um tapa no rosto de sua filha. Nessa ocasião, um brinco da menina desprende-se e ela não consegue achá-lo. O significado da perda desse brinco é algo enigmático, pois o objeto será encontrado pelo menino Pepino Torrenueva, ao acordar de seu sonho. Até mesmo o local em que é encontrado, ambiente vivido no sonho, agora se mostra em reforma.

As diferentes transformações vividas no desenvolvimento de Pepino Torrenueva e de sua Baaria indicam-nos, de modo muito incisivo, elementos que apontam para mudanças ocorridas em nosso seio social e

[129] *Ibidem, op. cit.*

em nós mesmos, e dos quais, muitas vezes, não temos consciência plena. O filme, ao longo de seu transcorrer, vai pontuando a maneira como as modificações materializam-se. Assim, desde o envolvimento afetivo de Pepino Torrenueva com a moça com quem viria a se casar, até o aparecimento dos filhos, tudo é detalhado de forma bastante minuciosa na sequência desses emaranhados. O nascimento dos filhos e a maneira sempre carinhosa como tudo é conduzido ensejam reflexão de parâmetros de afetividade familiar, que inextricavelmente nos levam a apontamentos de nossa própria vida, em nossos relacionamentos amorosos.

Foi dito anteriormente que um filme é um sonho do diretor que é projetado na tela para ser partilhado por um sem-número de espectadores. Nada mais verdadeiro nessa obra de Tornatore, pois os detalhes que o tornam autobiográfico direcionam-no para a construção de uma sociedade mais digna, justa e fraterna. Ou seja, seu sonho libertário de um novo tempo e uma nova concepção de vida é lançado ao mundo como uma flecha incontida que nos incendeia a alma com esse chamamento de reconstrução social.

Aqui também, tal qual ocorre em *Cinema Paradiso*,[130] temos uma matança animal com seus requintes de crueldade exibidos em detalhes. Talvez por ser contrário a todas as formas de violência cometida contra os animais, sempre fico a me indagar as razões pelas quais ele não usa recursos técnicos para essas cenas, ou até mesmo o que o motiva para exibi-las. É fato que, em sociedades como a nossa, em que a carne bovina é algo imprescindível para a maioria das pessoas, condoer-se com a cena em que justamente um boi é sacrificado para tal fim cai em um sentimentalismo ridículo e absurdamente sem contexto. Mas é algo que sempre me deixa intrigado quando vejo tais cenas, e Tornatore a repete em seus filmes, talvez a mostrar a bestialidade humana extremada contra animais indefesos, ou ainda, quem sabe, apenas para mostrar um ritual que faz parte de um sem-número de pessoas e comunidades em todo o mundo. Cenas que, por mais estupidez de que sejam revestidas, possuem o poder de serem consideradas absolutamente normais para a maioria das pessoas, pela própria destruição predatória que permeia as relações humanas contra outras espécies. Ou talvez, em seu sonho libertário rumo

[130] *Cinema Paradiso*, *op. cit.*

a uma sociedade mais digna, Tornatore esteja sinalizando a necessidade de se reconsiderar diversas práticas humanas. Entre elas, as atrocidades cometidas contra os animais. Seguramente uma vida em harmonia entre as pessoas implica necessariamente uma relação menos predatória quanto à natureza e aos animais.

Tornatore sonha através de Pepino Torrenueva e mostra-nos as diferentes instâncias das conquistas humanas. Detalhes do desenvolvimento de cada período de sua vida são espraiados de tal modo que até mesmo seus sofrimentos e conquistas espelham-se entre aspectos de um diapasão que contempla as diversas nuanças da condição humana.

Somos projetados nas conquistas de Pepino Torrenueva e igualmente sofremos diante de seus desatinos e enfrentamentos. Principalmente nos vemos levados a um sonho de idealização em que o menino assiste à transformação de sua cidade, ao mesmo tempo que também se transforma. Se a cidade cresce em todos os sentidos, é igualmente verdadeiro que o menino também se projeta para além de si em novas perspectivas de vida.

Quando acorda de seu sonho, o que faz é correr rumo ao infinito, como que em busca daquilo que lhe foi projetado e mostrado no sonho.

Esse filme apresenta requintes tão detalhistas de subjetivação que verdadeiramente temos diante de nós algo insólito, quando tentamos objetivá-los em uma análise meramente conceitual. Cenas com tantos detalhes de pessoas, objetos, animais, carros, paisagens, que fica muito difícil, diria mesmo praticamente impossível, a captação de tantos estímulos em aspectos conceituais. Tornatore utiliza os mais diferentes recursos técnicos para nos manter magnetizados em uma emoção que se inicia com as primeiras cenas do filme, e só termina quando surgem os letreiros de encerramento da projeção.

Um aspecto primordial que caracteriza o seu trabalho, e que aqui igualmente se faz presente nessa arte de tocar nossa emoção na profundidade de nossas almas, é a maneira como a música de Ennio Morricone está entreposta entre as imagens. A justaposição das cenas com a música, sequenciando imagens e ocorrências com sua alternância melódica, imprimindo mais vida às emoções, é algo que torna seus filmes indiscutivelmente únicos nesse quesito. É fato que a beleza da música de Ennio Morricone empresta moldura para filmes de outros grandes diretores, como citamos anteriormente, mas é com Giuseppe Tornatore que o enfeixamento da magia do cinema com o encantamento da música estreitam-se de modo indivisível. A impressão que se tem é que cada acorde melódico é feito a partir das cenas que são mostradas previamente a Morricone. Ou então, seria o contrário, as cenas são feitas para combinarem com as músicas criadas anteriormente por Morricone. Não saberemos como se faz tal imbricamento, e nem a presteza dessa combinação. Talvez eles mesmos não consigam explicar como se dá essa harmonização tão preciosa entre suas artes. Nem mesmo como o processo de criação de um incide na arte do outro. Mas certamente temos a delicadeza dessa harmonia a nos encantar a vida.

Baaria – A porta do vento, filme imperdível a tantos que desejam entender o sonho do diretor levado ao espectador, com requintes de emoção e delicadeza, como poucas vezes se viu na história da arte.

7.2 As profundezas da alma humana

FILME – FANNY E ALEXANDER
Título original: Fanny e Alexander
Direção Ingmar Bergman
Direção de Música: Daniel Bell
Direção de Fotografia: Sven Nykvist
Direção de Arte: Sussane Linguei
Distribuição: Europa Filmes
Ano de lançamento: 2012
Elenco Principal: Erwin, Bertil Guve, Ewa Frölin, Jan Malmsjo, Erland Josephson, Kabi Larete, Gunn Wallgren, Gunnar Björnstrand

I – Palavras iniciais

Nesse trecho vamos enfatizar nossa análise sobre dois filmes de Bergman, *Fanny e Alexander*,[131] e *Gritos e sussurros*.[132] Pequeno fragmento para um recorte da maior inserção sobre as profundezas da alma humana

[131] BERGMAN, I. *Fanny e Alexander*. São Paulo: Europa Filmes, 2006.

[132] BERGMAN, I. *Gritos e sussurros*. São Paulo: Continental Home Vídeo, 2005.

efetivada através de projeção cinematográfica. Escolhemos dois filmes do grande mestre Bergman, não querendo com isso desqualificar outros títulos igualmente maravilhosos. Deixamos de lado, por exemplo, o estupendo *O sétimo selo*,[133] não por já termos nos debruçado sobre ele em publicação anterior,[134] mas pela escolha de outros dois títulos que julgamos mais pertinentes nessa temática. Verdadeiramente escolher entre tantas obras-primas quais seriam mais pertinentes para ilustrar nossas colocações é tarefa inglória, pois estamos simplesmente diante do mais fantástico na própria conceituação de criatividade humana.

No estupendo documentário *A ilha de Bergman*,[135] idealizado e dirigido por Marie Nyreroöd, temos o próprio Bergman falando de sua vida, trajetória profissional, e principalmente das ideias originais de criação de seus filmes, verdadeiros baluartes da cinematografia mundial. Ele conta que seu primeiro cinematógrafo surgiu em suas mãos com oito anos de idade, e desde então a cinematografia foi sua vida.

Bergman trabalhou, no início de sua carreira profissional, na direção de teatro e, principalmente, produzindo filmes para a televisão, algo que também realizou no final e ao longo de sua carreira, como diretor de filmes. A grande mudança em sua trajetória profissional surge com o filme *Sorriso de uma noite de amor*,[136] premiado em Cannes. Nesse momento, ele já tinha pronto o roteiro e enredo de um de seus principais filmes *O sétimo selo*,[137] sistematicamente recusado. No entanto, após a premiação, não apenas *O sétimo selo*[138] foi produzido, como também passou a ter total liberdade de criação e produção de sua obra. Isso possibilitou que seu gênio inovador e assombrosamente criativo produzisse filmes dos mais magníficos de toda a história do cinema.

Na medida em que seus filmes sempre foram escritos por ele, fica evidente que as temáticas sempre eram questões e dramas que enfrentava em sua vida pessoal. Já foi dito inúmeras vezes que sabemos de um determinado autor simplesmente lendo o que ele escreve. Suas

[133] *O sétimo selo*, *op. cit.*

[134] A compreensão da saúde por intermédio de filmes, *op. cit.*

[135] *A ilha de Bergman*. São Paulo: DVD Versátil, 20014.

[136] BERGMAN, I. *Sorriso de uma noite de amor*. São Paulo: Versátil, 2003.

[137] *O sétimo selo*, *op. cit.*

[138] *Ibidem*, *op. cit.*

particularidades estarão presentes não apenas no conteúdo da escrita, mas também no próprio estilo de desenvolvimento da trama. Assim, em *O sétimo selo*,[139] um cavaleiro que volta das cruzadas encontra com a *Morte* e lhe propõe um jogo de xadrez, com a condição de que, se a vencesse, poderia viver por mais tempo; desafio que foi aceito pela *Morte*. Essa ideia da Morte como alguém que joga xadrez surge de uma pintura do artista eclesiástico Albertus Pictor e que se encontra na nave central da Igreja de Oppland, lugar a que seu pai costumava levá-lo. Essa pintura mostra a *Morte* jogando xadrez, ideia que desenvolve em sua trama. Essa pintura ganha projeção mundial justamente por ter sido inspiração para Bergman na elaboração da trama de *O sétimo selo*.[140] O próprio Albertus Pictor aparece como personagem do filme em diálogo com o escudeiro Jöns, enquanto trabalhava em um mural da igreja.

Bergman sempre teve questões de muito medo da morte e de suas implicações, fato determinante para a maneira como conduziu as tramas de seus filmes que apresentavam essa temática. Também questões de religiosidade, tão presentes em seus filmes, trazem à tona como isso tomava corpo em suas preocupações mais íntimas.

Bergman tinha uma avó que morava em Uppsala com uma empregada. Lá tinha uma grande sala, a qual era muito fascinante e misteriosa para ele. Esse ambiente é recriado em *Fanny e Alexander*,[141] uma grande sala cheia de detalhes misteriosos, que encanta principalmente ao menino Alexander. Em sua infância, os natais eram muito animados e divertidos com toda a família, em rituais festivos de muita felicidade. É esse também o clima das festas mostradas em *Fanny e Alexander*,[142] principalmente nas comemorações de Natal. Esse filme ainda mostra a maneira como ele era castigado na infância, com a alusão de que tais castigos eram gestos de amor. Ele transpôs para o Bispo Vergus, que casa com sua mãe após sua viuvez, os castigos que recebia na infância da própria mãe.

A conceituação de que Bergman mergulhou nas profundezas da alma humana como jamais alguém conseguiu na história do cinema talvez tenha como um dos principais pontos de tangenciamento os dramas e

139 *Ibidem, op. cit.*

140 *Ibidem, op. cit.*

141 *Fanny e Alexander, op. cit.*

142 *Ibidem, op. cit.*

angústias de sua própria vida. Ele foi capaz de expor o sofrimento da alma humana, partindo de seu próprio sofrimento e tornando-o universal. Em um dos episódios de *Cenas de casamento*,[143] ele narra sua separação de sua primeira mulher, em toda a extensão da dramaticidade vivida. Esse filme é insuportavelmente projetivo; ao vê-lo, somos lançados em um turbilhão de reflexões, que nos projetam em nossas relações amorosas. Diálogos infindáveis que escancaram as dificuldades de um relacionamento amoroso. Mais do que simplesmente desnudar os meandros de uma relação amorosa, ele não escancara a dificuldade da convivência em harmonia com outra pessoa.

II – Descrição da trama

Dia de Natal. A família de Fanny e Alexander prepara-se para as comemorações de Natal. Na casa da avó, a matriarca da família, que também é a casa deles, os preparativos para a ceia são intensos. As empregadas cuidam dos detalhes das comidas, arranjos e enfeites para a mesa e demais cuidados para a cerimônia. Os pais de Fanny e Alexander, Oscar e Emilie, atores de teatro, estão encenando uma peça, e, após o encerramento e a comemoração de Natal do grupo, a família finalmente se dirige a casa para a ceia. No caminho, sob a neve, vemos um violinista executando um Humorosque de Dvorak.

A ceia é marcada por um grande congraçamento de harmonia familiar e uma grande aura de felicidade envolvendo a todos. A família canta e dança junto com brincadeiras. É mostrado o Tio Gustav, que, embora casado, tem relacionamento afetivo sexual com uma das empregadas. Ele a procura no meio da madrugada em seu quarto e então é mostrada uma relação sexual entre os dois. Também existe a presença de um amigo da família chamado por eles de Tio Isaac e que tem relação amorosa com a avó de Fanny e Alexander. A avó conversa com Isaac para que esse não mais ajude seu filho Karl, pois esse já está endividado em demasia com ela, e vive a buscar empréstimos para sua vida errante. Diz ainda que esse filho agia contrariamente a Oscar, pais de Fanny e Alexander, que não aceitava sequer a ajuda financeira da mãe e que, nas raras vezes em que precisou de sua ajuda, devolveu a quantia envolvida rapidamente.

[143] *Ibidem*, *op. cit.*

Alexander, já no quarto com a irmã e os primos, mostra imagens com seu cinematógrafo, e todos se divertem na deliciosa harmonia da infância, vivida de modo livre e espontâneo.

Gustav, a esposa e a filha voltam para sua casa, e a esposa o destrata por saber de sua relação extraconjugal. Os dois têm relação sexual, e aparentemente a situação normaliza-se.

Na sequência, é mostrado Karl, nervoso, falando com sua mulher sobre seu nível de endividamento e de como não consegue mais empréstimos com sua mãe, tampouco com Isaac. Temos, então, uma série de agressões desferidas contra a esposa, mostrando seu total descontrole emocional.

Os pais de Fanny e Alexander estão ensaiando uma nova peça, a qual tem a presença de Alexander na plateia. Oscar passa mal, sendo socorrido pelos colegas e levado à presença do médico. Depois de várias consultas e exames, o médico dá um prognóstico muito desanimador. Em seguida, depois de vários dias de agonia, e com a presença dos familiares, finalmente morre. Uma cena mostra Alexander com medo de se aproximar do pai, temendo o pior. Finalmente vai até o pai, este o abraça e morre em seguida.

Em um funeral de grande pompa, com uma banda sinfônica executando a Marcha Fúnebre de Chopin, a família despede-se de Oscar. As desventuras de Fanny e Alexander começam quando a mãe comunica que irá aceitar o pedido de casamento do Bispo Vergus. Assim, de orientador espiritual da mãe, ele passa à condição de marido e, consequentemente, padrasto das crianças.

O pai falecido aparece em diversas ocasiões diante de Alexander, e também para sua mãe, a matriarca da família. Para a mãe, diz estar muito preocupado com o destino das crianças; para Alexander, diz que não consegue fazer nada para ajudá-los. Alexander, em uma dessas aparições, diz que ele não deveria mais aparecer, pois, já que não consegue ajudá-los, é melhor ficar em sua nova dimensão.

Todos se mudam para a casa do Bispo, que impõe uma vida de privações e de total despojamento das condições de vida anteriores, ou seja, de uma vida repleta de fartura em todos os sentidos para uma situação em que apenas o mínimo necessário de sobrevivência era permitido. O bispo, em sua arquidiocese, morava com a mãe e duas irmãs, além de várias empregadas. Da janela de seu quarto, as crianças observam um rio que passa ao lado e que apresenta águas bem revoltas.

O bispo era muito rígido na imposição de seus valores e crenças, e uma série de confrontos inicia-se com as crianças, principalmente com Alexander. O menino conta a uma das empregadas, quando essa lhes traz o jantar, sobre uma fantasia de uma ex-mulher do bispo que teria morrido afogada junto com as filhas. Essa empregada conta o fato ao bispo, que castiga o menino impiedosamente, dando-lhe varadas em suas nádegas. Na sequência, ele obriga o menino a pedir perdão, o que ele inicialmente recusa, dizendo que não tinha nada para ser perdoado, mas o bispo ameaça com novas varadas e ele então pede perdão. O bispo, sempre dizendo que o castigo era uma prova de amor, obriga-o a beijar sua mão. Como complemento do castigo, para que o garoto reflita sobre tudo aquilo, faz a criança dormir no sótão da casa.

Nesse momento, sua mãe está na casa da avó dos meninos, contando suas desventuras e seu sofrimento, dizendo que havia pedido o divórcio e que o bispo havia negado, tendo, inclusive, ameaçado de que, se ela saísse de casa, ele ficaria com as crianças, como determinava a lei. Também relata que estava grávida e não sabia mais o que fazer para livrar a si e aos filhos desse martírio que era essa vida com o bispo. Ao chegar a casa, corre ao sótão e fica ainda mais desesperada ao ver o filho com os ferimentos do castigo imposto pelo bispo.

Alexander aparece questionando onde Deus estava que não vinha ajudá-los diante de tanto sofrimento. A existência divina é questionada em meio ao sofrimento e à dor.

Gustav, com sua esposa, visita a mãe, e descobre, por meio desta, que a empregada com quem tinha relações esporádicas estava grávida. Ele ouve da mãe que deveria cuidar tanto da empregada como da criança que estava a caminho. Sua mulher mantém-se indiferente a tudo, e, após a conversa coloquial entre todos, o casal vai embora, despedindo-se afetuosamente da matriarca.

Tio Isaac, em uma grande e arriscada empreitada, consegue libertar as crianças da casa do bispo. Nessa noite, o bispo tenta convencer a esposa de que irá mudar para que ela volte a amá-lo. Diz também estar inconformado de ver como as crianças não o amavam, e que ele sofre com tudo isso. Ela segura uma caneca de caldo quente, que ele toma de sua mão e ingere. Em seguida, ela comunica que havia colocado tranquilizantes para dormir, e que aproveitaria que ele iria cair desfalecido para ir embora de sua casa e, portanto, de sua vida. O bispo se desespera, mas cai desfalecido diante do efeito dos remédios. Emile, então, vai embora e a vemos novamente na casa da matriarca à espera dos filhos, que ainda estão na casa do Tio Isaac.

Na casa do Tio Isaac, as crianças convivem com seus dois sobrinhos. Uma casa grande, envolta em muito mistério, com muitos bonecos de porcelana e objetos dos mais diferentes matizes. Um dos sobrinhos é mantido isolado em um quarto por ser considerado doente. No entanto, o irmão que cuidava do garoto considerado doente leva Alexander junto nesse momento de cuidados e o deixa só por alguns minutos junto ao enfermo. Este, então, diz para Alexander ser seu anjo da guarda e narra o que estava acontecendo naquele momento na casa do bispo.

O bispo dormia de modo muito denso, quando sua irmã doente se enrosca em um lampião e se queima; buscando ajuda junto ao irmão, também o envolve em chamas e os dois morrem chamuscados.

A polícia vai ao encontro de Emilie e, depois de interrogá-la, informa que as conclusões mostravam se tratar de uma infeliz coincidência e que ela não tinha culpa pela morte do bispo.

A família volta novamente a morar com a matriarca e a felicidade e os momentos de festa e danças voltam a fazer parte de suas vidas.

III – Análise cinematográfica e de conteúdo

Habituado a analisar filmes dos mais diferentes matizes, confesso que me sinto constrangido e até mesmo inibido diante de algumas produções tão grandiosas e portentosas, e que foram analisadas em seus detalhamentos pelo próprio diretor. É como se houvesse um cuidado maior diante de filmes como *Fanny e Alexander*, em que temos comentários do próprio Bergman sobre sua obra. Afinal, muitas considerações que poderíamos fazer foram devidamente balizadas por ele. Então, com todos os cuidados possíveis, iremos fazer considerações, sempre respeitando possíveis contrapontos já efetivados por Bergman.

Estamos diante de um dos filmes mais exuberantes de todos os tempos. Seguramente um dos filmes que sempre figuram como sendo o que de mais primoroso realizou-se na cinematografia mundial. A fotografia tem requintes de esmero, beleza, delicadeza e suavidade, como poucas vezes se atingiu na história da arte cinematográfica.

Desde o início, com sequência pelas ruas cobertas de neve e os lampiões sendo acesos para clarearem a escuridão, temos algo impressionante em termos de requinte de fotografia, luz e cor. Ele chega ao detalhe precioso de mostrar uma passagem sob um conjunto de casa por onde transitam os cavalos e carroças, e várias estações do ano. Então, temos esse cenário sob a neve, e posteriormente sob a luz do Sol. Algo que, além de fascinante, é indescritivelmente maravilhoso. Da mesma forma, as cenas que mostram o rio que passa sob a janela da casa do arcebispo apresentam uma configuração de grandiosidade, que empresta uma dramaticidade ainda maior ao drama vivido pelas crianças naquele ambiente.

Dissemos anteriormente que Bergman nunca teve um compositor próprio para suas produções, o que não significa que seus filmes apresentem precariedade nesse quesito. Em *Fanny e Alexander*, logo no início, temos um dos Humoresque, de Dvorak, executado por um violinista na rua. Na sequência, já na ceia de Natal, inúmeras canções suecas, além de uma peça de Schulman, são executadas ao piano. Da mesma forma, ao longo da sequência da trama, vamos ouvir trechos de uma suíte para violoncelo, de Benjamin Britten, simplesmente fantástica, e sempre muito bem inserida nas diversas cenas em que se faz presente.

Na cerimônia fúnebre de Karl, temos uma exibição grandiosa e lindíssima da Marcha Fúnebre de Chopin por uma banda sinfônica. Ao final, na festa que mostra a felicidade da volta da família de Fanny e Alexander, há um grupo de câmara, executando a Valsa de Serenata de Cordas, de Tchaikovsky. Ou seja, se é pertinente a crítica que se faz a Bergman por nunca ter tido um compositor próprio para seus filmes, igualmente é verdadeiro que a música que sempre escolheu para sua obra, além de altíssima qualidade, sempre foi pertinente ao que deseja enfatizar em suas tramas. Em *Fanny e Alexander* não foi diferente. Uma obra-prima que contou com uma música primorosa, mesmo não tendo sido feita especialmente para o filme.

Os detalhes de figurinos e a riqueza dos pormenores das diversas casas em que a trama se desenvolve fazem do filme um primor que necessita ser visto e revisto inúmeras vezes, para minimamente se apreender essas peculiaridades.

De outra parte, o drama vivido por Fanny e Alexander faz com que tenhamos as mais variadas emoções ao longo do filme. Desde sofrimento intenso com a violência cometida pelo bispo principalmente a Alexander, até momentos de intensa magia diante das cenas de felicidade vividas pela família.

A cena em que Alexander exibe imagens aos primos e à irmã com seu cinematógrafo é de uma delicadeza e traz uma alegria tão pungente por carregar um pouco da magia e dos sonhos da infância.

Dissemos anteriormente que o próprio Bergman, em *A ilha de Bergman*,[144] narra o cinematógrafo de sua infância e também os castigos que recebia de sua mãe, sempre com a argumentação de que eram gestos de amor. Então, nessa cena do cinematógrafo, deixamos de ver apenas a personagem Alexander para ver o menino Bergman, empunhando seu cinematógrafo. Vemos, então, um dos maiores gênios de todos, ainda criança, dando seus primeiros passos em direção à magia do cinema. Da mesma forma, nos castigos impostos pelo bispo Vergus, e ainda segundo o próprio Bergman, vemos igualmente a fala de sua mãe, quando o reprimia e o castigava.

A mudança de uma vida em família feliz para uma situação de total penúria e castigos dos mais variados leva-nos a uma torrente contínua e incessante de emoções.

As relações familiares envoltas em tantas situações mostram conformidades das mais diferentes formas de análises. Desde o poder matriarcal, passando por relações extraconjugais com a conivência da esposa, e mesmo das situações envolvendo dependência financeira dos filhos em relação à mãe, temos uma variedade tão grande de ocorrências que praticamente nada ficou de fora nessa seara.

O drama do menino Alexander, com todas essas mudanças vividas em seu seio familiar, é algo muito interessante para se debruçar nesse espaço. Seu olhar de sofrimento e as suas diversas manifestações de alegria são enfatizados por câmeras em plano fechado, que o focam dando ênfase muito marcante para essas emoções. De uma família feliz e harmoniosa para o convívio com a família do padrasto em sua arquidiocese, algo não apenas diferente, mas que trouxe muitos traços de sofrimento, e até mesmo de humilhação.

Ao mito da infância feliz, temos uma situação em que o sofrimento infantil é levado aos extremos, tanto nos castigos propriamente

[144] *A ilha de Bergman*, *op. cit.*

ditos, como em situações de humilhação extremadas. Mesmo na casa do Tio Isaac, o sobrinho que estava isolado por ser doente, em contato com Alexander, diz ser seu anjo da guarda. Configurado em uma figura andrógina, ele acarinha o menino em seus ombros como que insinuando algo mais do que um simples carinho. Mas a sequência encerra-se nesse detalhe, e o que esse sobrinho faz é apenas relatar o incêndio que estava consumindo o bispo em sua residência. A intenção de Bergman nessa cena em que se insinua algo além da própria narrativa não fica clara, e se torna disponível aos mais diferentes tipos de análise, sem que se alcance sua real e verdadeira dimensão. Aliás, sobre isso, nem mesmo Bergman cita algo quando fala de *Fanny e Alexander*. Fez alusões aos castigos sofridos por Alexander como sendo semelhantes aos recebidos de sua mãe, mas dessa situação em que o sobrinho andrógino aproxima-se do menino, ele nada fala.

Verdadeiramente admirável era a imaginação de Alexander a criar história das mais fantásticas e fantasiosas. Talvez prenúncio do próprio Bergman em seu desenvolvimento criativo desde a tenra infância. Ao analisar suas histórias, desde os primeiros momentos somos lançados a um turbilhão de situações que nos fazem refletir sobre a questão conceitual de verdade e mentira. Mesmo quando o bispo Vergus era apenas conselheiro espiritual de sua mãe e pretendente, Alexander foi levado à sua presença por sua mãe para que fosse orientado em função de mentiras que havia contado na escola. História fantasiosa que envolvia a sua fuga em um circo que passava pela cidade. O bispo admoesta-o e o menino vê-se obrigado a pedir escusas, não compreendendo a razão por tal repreensão. Aqui temos um diálogo muito interessante, quando o bispo pergunta se o garoto sabe a razão para alguém mentir. O menino, então, responde que é para ir além da realidade. Aqui temos um questionamento sobre o que é verdade ou mentira. Questões polarizadas semelhantes a quando fazemos digressões entre conceitos de normalidade e doença mental. O que pode ser verdade, ou mesmo mentira, sempre irá depender do prisma em que a análise está sendo efetivada.

Ao dizer, por exemplo, que São Paulo é a cidade mais esplendorosa do mundo, estou fazendo referência ao que sinto por ela. Outro poderá dizer que não a suporta e irá numerar incontáveis razões para seu posicionamento. Colocações que se antagonizam, e que não significam que um está mentindo e outro diz a verdade. Até mesmo para aquelas narrativas em que o objeto definido como real inexiste, ainda assim podemos evocar sentimentos e razões que justifiquem tal colocação. Essas razões vão desde situações em que o narrador sente-se inferiorizado e evoca situações imaginárias para se sobrepor, até situações em que a mentira surge como contraponto à realidade cáustica. Ademais, quando se vê uma criança, como Alexander, em suas histórias fantasiosas, estamos diante de mentes brilhantes e criativas, e simplesmente enquadrá-las em possíveis conotações de mentira é aniquilar essa verve espontânea e livre de criação.

A busca por conceituações objetivas diante de questões subjetivas esbarra inicialmente na concepção de que nos distanciamos do fato em si, ao tentarmos enquadrá-los em nossa ótica de observação. Pois o que leva alguém a fantasiar fatos de sua realidade objetiva, dando novos constitutivos a eles a partir de sua subjetividade, é algo que simplesmente se distancia de qualquer tentativa de observação simplista. Os diferentes fatores envolvidos em uma narrativa fantasiosa fazem dessa pessoa alguém que tem sobre si não apenas a incidência de confrontos conceituais sobre o que é verdade ou mentira, mas também, e principalmente, razões subjetivas e emocionais a determinar sua conduta.

Embora a trama tenha o nome dos dois irmãos, praticamente Fanny está na quase totalidade das vezes apenas e tão somente como observadora dos fatos. Raras vezes sua voz é ouvida, mas, em todas as situações em que Alexander é submetido a castigos e reprimendas, ela está em situação de observação passiva. Como ela é mais nova que o irmão, a impressão que se tem é que apenas e tão somente a este eram destinados todos os ataques do bispo Vergus. Verdadeiramente, os castigos físicos e sevícias de humilhação explícitas eram apenas proferidos contra Alexander. O sofrimento experimentado por Fanny era o de ter sido arrancada do seio familiar na casa da matriarca, mas quase sempre figurava como interlocutora do irmão que narra suas histórias fantasiosas, ou que então relatava para a mãe o sofrimento que estavam padecendo na arquidiocese do bispo. A menina a tudo presenciava e colocava-se em situação de sofrimento, mas sem, no entanto, sofrer os castigos físicos que eram imputados ao irmão.

A brutalidade e violência que eram impostas a Alexander são um recorte da maneira como, ainda hoje, muitas crianças são *educadas*. Atribui-se ao castigo uma conotação de amor, em que um ato corretivo, apesar do uso de violência, é usado para que a criança desenvolva-se no caminho das virtudes. Embora a trama seja vivida no início do século XX, é fato que, ainda hoje, esse método de castigos físicos como corretivo educacional infelizmente ainda é muito presente em nossa sociedade contemporânea. E o pior e mais dantesco nisso tudo, é que vamos encontrar mesmo nas lides da saúde e na educação pessoas que defendam corretivos impregnados de violência física, e outras formas de humilhação. Isso em que pese toda uma reflexão atual sobre *bullying* e seus efeitos no desenvolvimento de uma criança. *Fanny e Alexander* escancara, de modo irreversível, a crueldade cometida contra crianças em nome do amor, para resguardo de valores pessoais e familiares.

Outro aspecto bastante significativo no tocante aos relacionamentos familiares mostrado no filme é justamente a condição de total subserviência da família à matriarca do clã, a qual, em todas as situações, mostra-se suficientemente forte para conduzir a família de forma serena diante desses desatinos. Talvez estejamos diante de uma idealização familiar concebida pelo próprio Bergman, mas é fato que nos projetamos em uma situação em que nos identificamos como todos se harmonizam em defesa da unidade familiar. Quando Emilie se casa com o bispo Vergus e se muda para sua casa com os filhos, inúmeras cenas são exibidas a mostrar a preocupação de todos com o possível destino de Fanny e Alexander. Até o pai, Oscar, que aparecia para Alexander, também aparece para a matriarca, manifestando sua preocupação com as crianças. Idealização talvez, mas sem dúvida muito bela e rica a harmonização da família em torno da preservação dos vínculos familiares.

FILME – GRITOS E SUSSURROS

Título original: Viskningar och Rop

Direção: Ingmar Bergman

Fotografia: Sven Nykvist

Montagem: Ann-Chistian Lobraten

Direção de arte: Sven Nykvist

Distribuição: Continental Home Vídeo

Ano de lançamento: 2005

Elenco principal: Harriet Andersson, Ingrid Thulin, Liv Ullmann, Karia Sylwan

I – Descrição da trama

No final do século XIX, três irmãs estão em uma casa de campo da família juntamente com uma criada. Uma delas, Agnes, está morrendo de câncer; Marie e Karin, com a criada Anna, cuidam de Agnes. Cada uma das personagens, alternadamente, rememora situações de suas vidas, em contraponto com esse momento de cuidados com Agnes, em seu estágio final de vida. Inicialmente, temos Agnes recordando sua infância em companhia de sua mãe, em situações de conflitos e incertezas. Momentos em que sua mãe mostra ternura até então desconhecida para ela.

Na sequência, Marie rememora situações de sua vida em presença do marido e de sua filha. Momento em que o marido, Joaquim, chega de viagem e, após se despedir da esposa e da filha, vai para um aposento, onde tenta se matar com uso de arma branca. Ele não morre, mas a cena, além de contundente, lança compreensão ao momento atual de Marie.

Karin rememora situações nas quais sente a total indiferença do marido para com ela, chegando quase às raias da humilhação. Ela quebra acidentalmente um copo com água, e o olhar do marido lança um quê de desprezo tão ácido que ela, na sequência, vai para o quarto com um pedaço de vidro do copo, ferindo-se e provocando grande sangramento. A criada, Anna, vem ajudá-la, em sua vestimenta e cuidados, e o mesmo desprezo lançado pelo marido, Karin igualmente desfere sobre a criada.

Marie tenta se aproximar de Karin, com o intuito de reatar um relacionamento que, pela cena exibida, há muito está esgarçado. Karin esquiva-se, e, na sequência de outras cenas, vemos Marie exaustivamente tentando essa união.

A doença de Agnes vai se desenvolvendo de modo irreversível, e seu sofrimento com gritos desesperadores é algo indescritivelmente angustiante. A presença do médico em alguns momentos traz alívio a sua dor e sofrimento. Mas o câncer ceifa sua vida, trazendo o manto da morte de modo soberano.

Após as cerimônias funerárias, as irmãs decidem, juntamente com o marido, o que fazer com a propriedade e com a criada, que afinal cuidou principalmente de Agnes com muita dedicação e amor. Decidem dar-lhe uma quantia em dinheiro a título de ressarcimento, quantia essa recusada por Anna, mostrando, com sua atitude, que seu afeto não poderia ser pago em dinheiro.

Na despedida de Marie e Karin, acontece ainda uma última tentativa de Marie no sentido de reconciliar-se com a irmã, mas essa se mantém irredutível nesse distanciamento.

O filme termina mostrando ainda cenas em que as irmãs, felizes, passeiam pelo jardim da propriedade em companhia de Anna. Agnes morreu, e deixou atrás de si reminiscência da vida de todas.

II – Análise cinematográfica e de conteúdo

Esse é um daqueles filmes que não pode ficar fora do repertório cinematográfico de alguém que minimamente diz amar cinema. Simplesmente fantástico. Algo para ser apreciado como alguém que degusta um vinho deliciosamente sem pressa, curtindo cada gole com requinte pela iguaria absorvida. Assim também os filmes de Bergman devem ser apreciados. Como iguarias preciosas que precisam ser saboreadas com requintes e detalhamento de todo seu esplendor.

Bergman é considerado por muitos apreciadores do cinema como um dos maiores diretores de todos os tempos, e seguramente o que melhor mergulhou na alma humana em suas nuanças e tonalidades. Como poucos, conseguiu fazer de seus filmes instrumento de reflexão da condição humana, em seus mais diferentes matizes de emoções e sentimentos.

Gritos e sussurros é uma verdadeira obra de arte em preto e vermelho. O jogo de luz e sombra a que assistimos ao longo de toda a trama é simplesmente indescritível. A cada personagem que rememora o passado, lança-se uma sombra vermelha na cena, alternando para luzes que deixam um lado do rosto em luz e outro obnubilado pela sombra. A cada cena, vemos um cuidado tanto com as roupas das personagens como com os objetos de cada ambiente. Assim, temos cenas em que a decoração em vermelho – tapetes, cortinas e estofados – contrasta com as roupas brancas das personagens. Em outras cenas, o vermelho contrasta com roupas pretas. Essa alternância por si faz do filme um jogo de cores simplesmente deslumbrante. Na cena final, em que as irmãs correm felizes pelo jardim da casa de campo, todas estão de roupas brancas, lindos vestidos de época estilizados, a conferir à cena algo meramente maravilhoso.

As cenas em que Agnes agoniza em razão do câncer são de uma intensidade e força como poucas vezes se viu em toda a história do cinema. Algo que torna tudo simplesmente desesperador. Os gritos de Agnes invadem nossa alma de modo indelével, e por muito tempo continuamos com esse sofrimento incrustado em nosso ser. Bergman trabalha com câmeras em plano fechado, focando o tempo todo a expressão das personagens. Sempre com duas câmeras alternando-se nas pessoas que dialogam ao longo da trama. Apenas nos momentos em que foca o quarto de Agnes, mostrando toda a extensão de seu sofrimento, ou em situações em que os diferentes ambientes são apresentados, temos a alternância de câmeras de plano fechado para plano aberto. Na cena do jardim, temos essa alternância de modo magnífico, a ressaltar toda a plasticidade encantadora da cena.

A música é delicada e presente em poucas cenas. A maioria das sequências tem o som do silêncio a emoldurar a angústia e tensão retratadas em cada sequência. Em uma das situações em que Marie recorda momentos de sua vida, temos uma caixinha de música que toca a *Valsa das Flores*, de Tchaikovsky. Em outros momentos, temos *Polonaise*, de Chopin, e também uma *Sarabanda*, de Bach. Tudo muito delicadamente inserido e conferindo emoção a esses momentos. Mas a predominância maior são cenas em que o silêncio moldura a dor que é apresentada em diferentes facetas.

Em uma cena em que Karin está refletindo sobre a vida, ao fundo temos uma Sarabanda para violoncelo desacompanhado de Bach. A impressão que se tem é que Bergman faz um contraponto com sua arte e a música de Bach, e apresenta os passos necessários para se apreciar a ambas. Quanto à música, não é possível que alguém sem contato mínimo com a música clássica aprecie de pronto as canções de Bach, principalmente as feitas para instrumentos solos e sem acompanhamento de orquestra. Suas peças para violinos e violoncelos desacompanhados, verdadeiras obras-primas da genialidade humana de todos os tempos, só podem ser apreciadas por quem tenha o ouvido apurado e saiba dos requintes da música clássica. Do contrário, será música praticamente inaudível. Analogamente, quem não tem familiaridade com a música clássica teria que se aproximar dessa inicialmente com a simplicidade das valsas vienenses para, aos poucos, inteirar-se do apuro e riqueza melódica de Bach, Mozart, Debussy, etc. Exigir que alguém que não tenha essa familiaridade aproxime-se das harmonias contrastantes de Debussy, ou da arte de contraponto de Bach, simplesmente não é possível.

Igualmente ocorre com o cinema de Bergman. Alguém acostumado com filmes feitos com o viés mercadológico, com rimas de expressão simples, e visando única e tão somente à emoção instantânea, não tem condições de se aproximar e apreciar a grandiosidade da arte de Bergman. Seria necessário, tal qual em relação à música, uma aproximação lenta de filmes de arte para culminar na apreciação da genialidade do grande mestre Bergman, seguramente um dos maiores de todos os tempos. O cinema contemplativo de Bergman é para ser apreciado em seus detalhes e requintes para não se perder a grandiosidade de sua obra. Cenas cuidadas com esmero de fotografia, *closes* de câmeras, perfeccionismo gestual dos atores(as), enfim, tudo detalhadamente efetivado para que a grandiosidade de sua arte não se perca em nenhum aspecto da trama. Merleau-Ponty[145] assevera que *o real distingue-se de nossas ficções porque nele o sentido investe e penetra profundamente a matéria. É dizer que a realidade nos transpassa de modo indelével, e quando isso ocorre a partir do contato com a obra de arte, temos um imbricamento simplesmente indissolvível.*

O sofrimento de Agnes mostrado em detalhes com as câmeras em plano fechado, destacando todo o expressionismo da dor estampada em sua face, é simplesmente indescritível. Praticamente sem comparações com a grande maioria dos filmes que abordam a temática do câncer. Nesses filmes até assistimos ao paciente sofrendo em situações de dor, e no leito hospitalar, mas a intensidade do sofrimento estampada em *Gritos e sussurros* é simplesmente desesperadora. Os seus gritos de desespero penetram em nosso ser de modo indelével e nos levam ao seu sofrimento em níveis sequer imagináveis pela razão.

Câncer, o imperador de todos os males,[146] e Bergman, um dos maiores gênios do cinema de todos os tempos, assim temos um enfeixamento indivisível da dor e do sofrimento humano levado ao extremo, mostrando a insuportabilidade e mesmo irreversibilidade desse sofrimento. O realismo do sofrimento inserido nessa trama faz com que sejamos tomados dos mais diferentes sentimentos que muitas vezes sequer podemos definir.

Bergman, ao penetrar na alma humana de modo tão profundo, aflora em nós sentimentos que muitas vezes desconhecemos até mesmo em nossa corporeidade. Vivemos sensações que não sabíamos possíveis.

145 *Fenomenologia da percepção, op. cit.*

146 ANGERAMI, V. A. O corpo câncer. In: ANGERAMI, V. A., e Gaspar, K. C. *O câncer diante da psicologia.* São Paulo: Pearson Learning, 2016.

Experimentamos emoções que nos lançam a um sequencial de reflexões que nos torna reféns de nossas próprias sensações. O modo sutil e delicado como as lembranças do passado de cada personagem são mostradas é algo por si estonteante. Pois, pareado à vivência em si, temos um jogo de luz com cores, alternando-se e fazendo dessa alternância um espetáculo de análise própria. Estudiosos dos efeitos das cores na vida humana têm nessa obra algo inédito para análise e detalhamentos pormenorizados de suas teorizações.

A maneira indescritivelmente bela como as cores do ambiente são apresentadas em contraste com as roupas é algo por si só digno de uma das mais belas fotografias que se pode conceber. O sofrimento humano, mostrado nessa moldura de arte em que os detalhes de fotografia misturam-se à maestria do jogo de cores, torna-se simplesmente intangível. Matizes de dor e de desespero têm como moldura o requinte de um ambiente cuidadosamente preparado, para que nenhum detalhe perca-se nesse diapasão da arte envolvendo o desespero humano.

Em uma das cenas finais, as irmãs discutem o destino de Anna e oferecem uma quantia razoável de dinheiro, como reparação aos anos de trabalho e, principalmente, de cuidados com Agnes. Anna simplesmente recusa o dinheiro, colocando sua dignidade e afeto acima de qualquer reparação pecuniária, e isso fica explicitado em seu expressionismo, algo tão forte que as palavras são perfeitamente dispensáveis.

Merleau-Ponty[147] pontua que, *antes de ser um espetáculo objetivo, a qualidade deixa-se reconhecer por um tipo de comportamento que a visa em sua essência, e é por isso que, a partir do momento em que meu corpo adota a atitude do azul, eu obtenho uma quase presença do azul.* Karin e Marie discutem entre si sobre condições práticas sobre as questões de inventário, mas ficam aquém da postura de Anna, que, mesmo sendo em princípio apenas criada, mostra-se muito mais abalada e afetada com a morte de Agnes.

Assistir a um filme de Bergman é um esmero, um requinte para se apreciar em detalhes. Algo para se ter como uma grande dádiva com que a vida nos presenteia. Encantamento que nos faz especiais, simplesmente por poder partilhar algo tão magnífico em nossas vidas e relacionamentos. Discutir a temática do câncer por intermédio de um filme de Bergman é avançar no teor das discussões, subsidiado por reflexões que nos são

[147] Fenomenologia da percepção, *op. cit.*

apresentadas com vigor e determinação ímpar. É ter instrumental para avançar na compreensão da doença e em seus sustentáculos de desespero e dor encravados na alma humana. A vida de cada uma das personagens simplesmente vagueia pela trama ao longo de toda a construção do enredo. O modo como ele vai imbricando as vidas entre si é simplesmente algo que só pode ser compreendido pela magnitude dessa articulação. Desde a primeira cena até à final, temos uma sucessão infindável e muito preciosa de detalhes que nos conduzem a uma apreensão privilegiada da condição humana. A dor estampada em Agnes não é apenas a dor do câncer, mas também a dor do mundo, em seu sofrimento e desespero, que não se pode estancar nem mesmo como simples devaneio.

Bergman empreendeu, em *Gritos e sussurros*, uma penetração em nossas almas, lançando nosso imaginário em buscas desencontradas sobre o verdadeiro significado das emoções suscitadas. Os gritos de Agnes são de uma contundência que dificilmente encontrarão parâmetros na realidade do cinema. Tudo apresenta um esmero tão grande de fotografia e arte que, além de ser uma preciosidade artística única, é igualmente referência sobre a realidade do câncer pela maneira como a temática é tratada no envolvimento dos familiares com a doença. Causa estranheza igualmente que esse filme nunca figure naqueles recomendados para uma tentativa de compreensão do câncer pela arte. Isso realmente é uma perda irreparável para todos os que se debruçam em busca de filmes que abordem a temática do câncer.

Toda a genialidade de Bergman está exposta em *Gritos e sussurros*, o que por si já seria suficiente para que seja um filme indispensável a todos que queiram conhecer a verdadeira magia do cinema. Soma-se a isso a sua condição de mostrar o sofrimento imposto pelo definhamento corpóreo como somente sua maestria seria capaz, e tem-se simplesmente um filme mais que magnífico, tem-se um filme de Bergman, uma autêntica relíquia da genialidade humana.

7.3 Câncer

A temática do câncer foi inicialmente explorada em obra anterior.[148] Fizemos uma revisão e ampliação das discussões dos filmes exibidos para sua inserção nessa obra específica sobre cinema.

[148] Refletindo o câncer por intermédio de filmes, *op. cit.*

FILME – A LUZ DO CAMINHO
Título original: **Camino**
Direção: Javier Fesser
Fotografia: Alex Catalan
Montagem: Javier Fesser
Música: Rafa Arnau e Mario Gosalvez
Direção de arte: Cesar Macarron
Distribuição: Paris Filme
Ano de lançamento: 2012
Elenco principal: Nerea Camacho, Carme Elias, Mariano Venâncio, Manuela Vellés

I – Descrição da trama

A trama mostra a história de Camino, uma menina de onze anos, portanto, em transição entre a infância e a adolescência. O filme situa sua vida nos conflitos desse período, entre os flertes com os meninos da escola e também as dúvidas de como participar do teatro da escola, aula de dança, etc. Ao mesmo tempo que descobre as delícias de uma paixão amorosa, é obrigada a conviver com a morte que se aproxima de modo impiedoso.

É de uma família católica, em que a religiosidade extrema está acima da concepção usual da religião, como principal sustentáculo usado pelo ser humano para a negação da angústia maior da vida, a morte. Assim, tudo é colocado como sendo vontade de Jesus, do Espírito Santo, da Virgem Maria e dos poderes cristãos em geral. A mãe é a mais fervorosa na aceitação dos dogmas católicos, valor que impõe a todos os membros da família, e até mesmo ao marido que, embora muitas vezes reticente, a esses princípios acaba cedendo. O que não é mostrado com clareza é se essa aceitação do marido se dá por um traço de sua personalidade, ou simplesmente por aceitar o curso dos fatos.

Camino tem uma irmã mais velha, de nome Núria, a quem chama docemente de Yeye, que seguiu para um convento para dedicar-se à vida religiosa. E Camino sempre cita a decepção que a irmã teve com um namorado que viajou e nunca escreveu para ela. No entanto, esse namorado havia escrito várias cartas, que haviam sido bloqueadas pela mãe com o intuito de afastar a filha das tentações mundanas. São mostradas algumas cenas dessa irmã em sua formação religiosa, dentro da rígida disciplina imposta aos que professam esse caminho. Afasta-se de sua família e apenas ocasionalmente visita os familiares, sempre em nome do desapego e renúncia a esses valores familiares, atitudes impostas pelos responsáveis por sua formação religiosa.

Camino, de início, começa a manifestar dores na coluna, pontadas esparsas que provocam incômodo. Os pais levam-na ao médico, que, diante de radiografia, recomenda tratamento de fisioterapia, com o intuito de alívio das dores. Porém as dores continuam a aumentar e outro especialista é procurado. Novos exames são realizados, e constata-se a fratura de uma das vértebras, o que já provocou surpresa, deixando todos atônitos, pois Camino não havia tido nenhuma queda ou acidente para justificar a fratura. Houve a intervenção cirúrgica e a constatação de que a fratura tinha sido provocada por um tumor que ela possuía entre os ossos e que, ao crescer, provocou a lesão nos ossos. A partir de então, com a confirmação do diagnóstico de câncer, um rabdomiossarcoma,[149] um dos mais severos registrados pela literatura médica, toda a estrutura familiar desarranja-se diante desse fato.

Paralelamente ao descobrimento da doença, Camino ainda frequenta a escola e tenta viver sua vida de jovem estudante entre as escolhas do possível papel em uma peça de teatro que estava sendo montada na escola, e outras atividades que realizava. A mãe, sempre com sua religiosidade, antagoniza-se a todos os projetos de Camino, como se tudo que não estivesse dentro de seu catolicismo fosse obra ou tentação imposta pelo demônio. Com o agravamento de sua doença, Camino vai ficando cada vez mais à mercê dos fatos e tenta de todas as formas preservar sua rotina escolar, apesar de tudo. No entanto, o diretor espiritual de sua

[149] Rabdomiossarcoma, um câncer que acomete crianças e adolescentes, é raro e, nos Estados Unidos, por exemplo, responde por 1% do total de casos de doença. Por aqui, ele é igualmente raro e apenas 1 entre 600 crianças e adolescentes vão desenvolver a doença. Os tipos de câncer que aparecem em crianças e adolescentes são diferentes dos que acometem os adultos. Embora existam exceções, os cânceres infantis respondem bem à quimioterapia, que costuma ser bem tolerada pelas crianças. Mas, como a quimioterapia tem efeitos de longo prazo, crianças que passam pelo tratamento precisam ter acompanhamento pelo resto da vida. Disponível em: <http://www.accamargo.org.br/tudo-sobre-o-cancer/rabdomiossarcoma/35/>. Acesso em: 1º fev. 2015.

mãe aconselha que eles levem sua filha para tratamento em Pamplona, pois lá teria um centro especializado em que o tratamento, além de mais humano, era também ponteado pelos princípios do cristianismo católico. O pai reluta, principalmente pelo custo financeiro dessa mudança, afinal eles viviam em Madrid e lá o hospital em que a menina se tratava era abrangido por seu plano de saúde. A mudança de cidade e de hospital implicaria custos altíssimos à sua realidade financeira. Não houve jeito, pois a mãe, influenciada por seu mentor espiritual, e ajudada financeiramente por sua irmã, que também morava em Pamplona, conseguiu a remoção de Camino para Pamplona. Aliás, cidade em que se situava o convento em que Núria estudava.

Os colegas de escola visitam Camino em sua casa, prometem novas visitas e até mesmo a partilha das atividades escolares, fato que é interrompido pela mudança que ocorreria nos dias seguintes a essa visita. Camino é transferida para o hospital de Pamplona, e lá a doença adquire força e vai consumindo totalmente sua vitalidade. Perde os cabelos e fica imóvel, em cadeira de rodas e em sua cama. Era sempre induzida a agradecer a Deus por essa provação e por ter missa realizada em sua intenção. Assim seguimos até o final, com sua morte sendo entusiasticamente louvada pelo novo diretor espiritual de sua mãe, que também é o capelão do hospital, pela maneira como a menina resistia ao sofrimento e como jamais deixou de louvar a Deus, apesar de tudo. Esse religioso, inclusive, diz à mãe que, em uma reunião, o caso de Camino foi colocado para que ela fosse canonizada, pela serenidade com que louvava a Deus em meio ao sofrimento.

Apenas com o pai a menina podia questionar essa vontade soberana de Deus, dizendo que, por mais que rezasse e pedisse, o que recebia era mais dores e sofrimento. Dizia também que esse Deus não ouvia quando ela pedia para si, atendia apenas quando pedia para outras pessoas, fazendo referência a uma enfermeira que estava separada do marido e com o qual tinha reconciliado graças às preces da garota. Camino tem muitos pesadelos em que um anjo da guarda aparece, em semblante severo e sombrio, e, mais do que alívio e proteção, provoca temor e sofrimento. Assim, segue em seu calvário, sem ter nada para obstruir-lhe seu caminho de sofrimento e dor.

Em determinado momento, o pai, procurando por documentos em casa, encontra, em uma caixa de joia da esposa, as cartas enviadas pelo namorado de sua Núria e que haviam sido bloqueadas e escondidas pela mãe. Resolve, então, entregá-las pessoalmente para a filha. Ao chegar a Pamplona, encontra Núria no hospital e diz que tinha algo para entregar-lhe e que estava no carro. Ela diz que não pode esperar e vai embora. O pai, posteriormente, dirige-se ao convento em Pamplona com as cartas em mãos. É atendido pela madre superiora que diz que sua filha não estava presente, embora a mesma estivesse e ouvisse todo o diálogo dos dois. Ele entrega as cartas e também um violão, a madre superiora recebe as cartas e diz que o violão não pode entrar naquele recinto. Mas a religiosa, depois de ler e analisar o conteúdo das cartas, também não as entrega para Núria e as coloca em um prontuário fechado sigilosamente a sete chaves, local em que estão guardados outros objetos de sua vida pregressa. Assim, a garota continua sem saber da existência dessas cartas. O violão é deixado então no quarto de Camino. O pai é muito amoroso com as filhas, apesar da tentativa da mãe de afastá-lo e provocar a imagem de que ele era ausente, ou mesmo omisso. Isso tudo em razão de seus valores religiosos.

Camino pede ao pai que a leve para Viena. O pai fica atônito, pois sequer a filha conseguia se mover, como fariam então para viajar? Pergunta a ela como ele poderia levá-la, ao que Camilo responde que seria no colo.

O pai viaja para Madrid e vai à doceria em que algumas vezes Camino pedia para passar. Lá, conversando com a responsável, conhece Jesus, o Cuco, que também estava por ali. Então, pede para que ele escreva uma carta para Camino. Depois de contar as novidades do teatro da escola para que o pai as transmita a Camino, finalmente o rapaz escreve uma carta para ser levada para a menina. Ao sair, o pai se dá conta de que o nome da doceria é Viena, então se esclarece o pedido da filha. O pai parte para Pamplona com os doces e a carta de Jesus. As anteriormente enviadas ela não havia recebido, pois haviam sido bloqueadas pela mãe. Por maior que fosse sua ansiedade com a correspondência diária, a mãe não lhe deu nada do que lhe havia sido enviado, a não ser uma carta de uma amiga, com uma imagem do Sagrado Coração de Jesus e a inscrição "Jesus te ama". Na verdade, era uma alegoria da amiguinha, que mostrava a Camino que o seu Jesus, o Cuco, amava-a e pensava muito nela. A mãe libera essa correspondência por acreditar que era apenas uma manifestação religiosa da amiguinha para com Camino.

Quando finalmente o pai vai levar a carta tão ansiosamente esperada, e dessa vez em mãos, ele morre em um acidente automobilístico justamente por se distrair em ternura pela delicadeza dessa correspondência.

O câncer vai levando Camino ao definhamento e finalmente até a morte. Em seu entorno, o carinho amoroso do pai e a religiosidade da mãe. O tom do sofrimento torna-se insuportável a todos, até que finalmente ela morre em meio a esse turbilhão de contradições.

Camino clama pela presença do pai, que na realidade havia morrido alguns dias antes. A irmã, embora morando na cidade, não chega a tempo de vê-la em vida, pois, para ser fiel aos sacrifícios de sua vocação religiosa, em vez de apanhar um táxi, vai de ônibus e acaba chegando ao hospital quando Camino já está morta. Camino morre cercada pelos religiosos e pela mãe e até o fim professa seu amor por Jesus, o que, na realidade, demonstra dubiedade, pois esse também é o nome de seu *namoradinho* da escola. Esse Jesus a quem ela jura amor eterno não é o mesmo Jesus de sua mãe e dos religiosos.

II – Análise cinematográfica e de conteúdo

Merleau-Ponty[150] assevera que, *por meio de meu corpo, enquanto potência de certo número de ações familiares, posso instalar-me em meu meio circundante, enquanto conjunto de* manipulanda, *sem visar meu corpo nem meu meio circundante como objetos, como sistema de qualidades ligadas por uma lei inteligível, como entidades transparentes. E verdadeiramente livres de qualquer aderência local ou atemporal e pronta para a denominação ou, ao menos, para um gesto de designação.* Temos um filme em que há junção do conteúdo forte e envolvente com requintes de detalhes em termos de fotografia, música, montagem e arte. Um filme em que, embora sejamos envolvidos pela trama muito forte e comovente, ainda assim não passamos despercebidos pelos requintes de arte que ele apresenta. A fotografia exibe nuanças em que as cores alternam-se com a evolução da doença e com os aspectos sombrios da morte que espreita Camino na realidade hospitalar.

A cena inicial do filme é também a última, e detalhes do que está ocorrendo nesse momento da morte de Camino serão desfiados ao longo da trama. Esse detalhamento faz do filme algo de estupendo e

[150] *Fenomenologia da percepção, op. cit.*

especial. Fesser manipula a emoção do espectador de modo a levá-lo a alternâncias entre a emoção com o sofrimento de Camino e desatinos em relação à religiosidade de parte de sua família. Momentos em que a trama é fortalecida com os recursos utilizados por Fesser fazem com que experimentemos diferentes sensações diante do que é vivido por Camino. Existe uma cena, quando ela já está em Pamplona, em que o pai traz o violão para a irmã mais velha, com a intenção de deixá-lo no convento, o que é totalmente recusado pela madre superiora por não ser permitido objetos que evoquem o passado. O violão é deixado no hospital, e, quando a irmã mais velha vai visitar Camino, apanha o instrumento e entoa uma canção simples, mas de melodia muito bonita. Nesse momento, a câmera em plano fechado foca Camino emocionada com o canto da irmã, e sequencialmente em câmera de plano aberto é mostrado o ambiente com a interação das duas. Em seguida, em grande detalhe de montagem, a cena sai do ambiente hospitalar, e, sempre com a música cantada pela irmã, somos transportados a outros ambientes em que a magia da fotografia em alternância de cores leva-nos a momentos de uma grande e suave emoção.

O filme apresenta ainda momentos de grande arrebatamento, quando é mostrado o definhamento de Camino, e os recursos técnicos e de maquiagem utilizados nesse sentido. A fotografia também se alterna, e o que temos é o espectador sendo conduzido para a própria situação de definhamento envolto nos detalhes utilizados por Fesser. Os detalhes da religiosidade da mãe de Camino e a maneira como envolve principalmente a si e às filhas mostram que o diretor usou, de maneira caricata, valores para colocar em xeque os princípios do cristianismo católico. Afinal, por maior que seja a fé de um cristão católico, não é possível a aceitação passiva do sofrimento de Camino e o encaminhamento para que tudo seja aceito por ser uma provação que Deus colocou em seu caminho. O mentor espiritual da mãe de Camino, bem como os outros religiosos que aparecem em plano secundário, apresenta uma rigidez com os valores do cristianismo católico que é difícil crer que isso ocorra em pleno século XXI. Sabemos que o radicalismo religioso existe em todas as religiões e nas mais variadas instâncias, mas ainda assim choca o fato de esses valores serem impostos a uma criança em seu leito mortuário. As dúvidas existem apenas nas falas do pai e da própria Camino, que, embora seguindo os preceitos impostos pela mãe, questiona tudo justamente por seu sofrimento.

Fesser mostra-nos uma cena em que Camino sonha com seu amor, Jesus, e brinda-nos com uma sequência de amor juvenil das mais lindas que se pode conceber. Amor puro, genuíno e que está sendo vivido em seu imaginário, algo para trazer alívio às agruras impostas pelo definhamento corpóreo na antevéspera da morte. As câmeras alternam-se em diversos planos, ora mostrando a emoção estampada nos rostos de ambos, ora trazendo o ambiente todo envolto em estampas de pequenos corações vermelhos. Cena que nos toca nas profundezas de nossa alma, e mais uma vez demonstra o que foi citado no início sobre o modo como Fesser manipula o espectador.

A música também é um dos pontos fortes e marcantes do filme. Com orquestração muito bem arranjada e conduzida nos moldes clássicos, temos alternâncias claramente definidas sobre os momentos de tensão, não sendo raras as situações em que a melodia modula-se para tonalidades menores, justamente com a intenção de mostrar tristeza e sofrimento. Existem também canções populares evidentemente justapostas para conferir à trama a condição de algo que ocorre no cenário juvenil, e isso por si já garante ao filme um requinte de primor no quesito musical.

A montagem das cenas segue o roteiro efetivado pelo próprio Fesser, e novamente mostra que os cuidados nas passagens de *setting* de filmagens foram primorosos. Quando existe música a emoldurar alguma sequência, a transposição de cenas preserva tanto a modulação como as alternâncias apresentadas pela canção. Nos momentos em que se mudam drasticamente os ambientes, seja de cidade, de Madrid para Pamplona, seja de ambientes, da escola para o hospital, ou outras diferentes situações, vemos o cuidado sensível nas colagens das montagens, a definir o aprumo com que os diretores responsáveis esmeraram-se sobre a obra.

Fesser utiliza as câmeras em plano fechado para enfatizar as expressões de seus personagens, conferindo-lhes dados sensíveis dos sentimentos que estão sendo vividos. Nesse jogo, ele conduz o espectador a um grande turbilhão de emoções em que a doença de Camino, embora seja a predominância maior do filme, também deixa espaço para que outras manifestações familiares e mesmo religiosas tenham igualmente guarida. A fala dos religiosos sempre está envolta em fotografia que alterna luz com destaque significativo para sombras sobre suas roupas pretas. Analogamente, quando temos Camino em cenas de seu leito mortuário, somos brindados com detalhes de fotografia que colocam luz natural geralmente transpondo as janelas do ambiente com sombras de cores mais claras e delicadas.

Em muitos de seus sonhos, Camino tem a presença de um pequeno rato e de um anjo da guarda. Ela, em sua doçura, salva o roedor da armadilha que havia sido montada em sua casa e dialoga com ele no sentido de que esse favor será retribuído quando ela necessitar. Merleau-Ponty[151] coloca que o mundo é o que somos e que percebemos, o que significa dizer que, na realidade de Camino, torna-se algo que gira exclusivamente no entorno de sua doença. As coisas que circundam sua realidade de vida acabam sendo a doença e a nova realidade que essa impôs.

Em momentos em que a doença ainda não havia se manifestado, temos Camino como uma criança com as questões inerentes a sua vida escolar, e com as palpitações que a paixão por Jesus está provocando em seu ser. Há diálogos, por exemplo, sobre quem será escolhida para o papel principal da peça de teatro da escola, e que as razões derivam de a candidata favorita já ter seios aparentes, ao contrário das demais, que ainda não apresentam tal manifestação. Ou ainda o retrato da vida que pulsa vagueando pela escola, nos risinhos, nos olhares esgueirados sobre os meninos, e sobre a mansidão desse período de vida. Fesser conduz-nos com maestria por esses caminhos, pois, ao colocar essas imagens, ele o faz evocando alternâncias de reminiscências desses momentos ingênuos na realidade de penúria de Camino. Somos naturalmente compelidos a contrapor nossa realidade de vida atual com nossos momentos de infância, em que a realidade escolar era nossa totalidade de vida. Fesser faz esse jogo com maestria, ao equiparar as câmeras em plano aberto com detalhes amplos da classe de aula, e com as câmeras em plano fechado, a mostrar a expressão da professora em dialética com os alunos e mesmo da vivência de algazarras escolares entre os alunos.

Somos Camino em seus folguedos escolares e em sua paixão infantojuvenil. E também em seus momentos de desespero e dor. A forma como a montagem do roteiro é efetivada, alternando momentos de sua vida escolar com a crueza do desenvolvimento da doença, faz com que nos envolvamos de modo irrebatível em sua história. Passado e presente misturam-se em suas lembranças e projeções de futuro, realizadas em

[151] *Fenomenologia da percepção*, *op. cit.*

seus sonhos e pesadelos. Uma menina que manifesta ao pai o seu medo de morrer, e que fala para a mãe que está aceitando os desígnios de Deus para sua vida. Uma menina que sonha com seu *namoradinho* de escola, o Jesus, e que sua mãe conhecia apenas por Cuco, apelido que de alguma maneira escamoteia o amor inquebrantável que Camino diz sentir por Jesus.

Fesser coloca-nos em uma situação sombria, ao mostrar uma confissão da mãe de Camino com seu diretor espiritual. O ambiente é sombreado e se mistura com a roupa preta desse religioso. A luz sobre os rostos apenas confere forma a diferenciar o ambiente sem luz que ele estabeleceu para esse *setting*. Divaga-se sobre conceitos de pecado, e o religioso termina a confissão dizendo-se igualmente pecaminoso e que, por essa razão, reza muito. A religiosidade exposta de modo tão cáustico ao longo do filme tem nessa cena um de seus momentos mais cruciais, na medida em que tudo que é exaustivamente mostrado sobre o quesito da fé tem nesse enquadre uma flexibilidade ausente em outras passagens.

As cenas em que é mostrado o lado sórdido da mãe em esconder a correspondência das filhas têm uma configuração de imagens em que os *settings* são estabelecidos com câmeras em plano fechado, a enfatizar seu semblante de tensão e que se configura em seu apego pela religiosidade. É dada uma ênfase muito grande a esse semblante de tensão da mãe de Camino, também reproduzido nas expressões dos religiosos, tanto em seu mentor espiritual como nos secundários. Fesser mostra, com esses planos de câmera, o lado tensional da religiosidade em que a racionalidade perde completamente terreno para os ditames da fé. São tantos os detalhes desses aspectos da religiosidade que praticamente a discussão sobre o filme, além de sua temática principal, que é o definhamento corpóreo, também poderia guiar discussões sobre o confronto entre racionalidade e fé mística e religiosa.

Camino agoniza, enquanto os religiosos discutem sua santidade pelo fato de sua aceitação à doença não apresentar blasfêmias ou revoltas emocionais. É imposto que ela aceite a doença como um sinal de Deus para que todos se vangloriem com sua presença. Sua dor é vista pela mãe e por esses religiosos como uma dádiva, por libertá-la desse mundo com a superação do sofrimento. É dito que Jesus espera por ela, mas o que Camino pensa continuamente é no seu Jesus, o Cuco, de sua escola. Os religiosos falam em canonização de Camino; sua mãe fala da força do Espírito Santo prestando conforto espiritual. O pai ouve tanto o mentor espiritual de sua esposa como outros religiosos, além da própria esposa em digressões sobre a presença de Deus em suas vidas. E o que fica evidente é que, embora ele sempre esteja presente junto às filhas, os religiosos situam-no como ausente, e o filme não deixa claro se essa conceituação é por ele não se integrar totalmente aos desígnios da fé religiosa, ou por sua vã tentativa de mostrar outro lado dessa realidade para as filhas. Camino diz ao pai que deseja ir para Viena, e diante da pergunta do pai como eles fariam para levá-la, dado o seu estado avançado de definhamento, ela simplesmente responde que seria levada no colo. O pai não alcança o pedido. No entanto, ao voltar para Madrid, resolve comprar alguns doces para a filha em uma doceria de sua predileção. Então, constata que o nome dessa doceria era Viena, e era o local onde seu *namoradinho*, o Jesus, trabalhava com a tia. Nessa situação, além dos doces, consegue a carta do menino para a filha, a qual fatalmente também não chega às suas mãos. Aqui novamente temos a maestria de Fesser a manipular o espectador, tingindo com detalhes fortes de emoção todo o quadro do encontro do pai de Camino com o seu Jesus.

Camino completa aniversário no hospital, quando já está desfigurada pela doença e pela total queda de cabelos. Diante do bolo, pontua ao pai que dessa vez ele não está filmando seu aniversário, coisa que sempre ocorreu, e que mostra como Camino está pressentindo o sofrimento de todos. O pai tenta tergiversar e, embora seu contorcionismo verbal seja indício maior de que algo ruim esteja acontecendo, sua doçura para com a filha tem o dom de acalmá-la. Aqui temos um plano de câmeras que se mistura em alternância, ora focando o ambiente festivo, ora os semblantes que misturam alegria e sofrimento.

O filme segue com a saga de Camino, mostrando seu sofrimento até seu suspiro final, que é justamente a cena inicial do filme. No final, vemos Camino tendo sensações que remetem à apresentação da peça teatral de seus amigos de escola. Faz referência ao que ocorria naquele ambiente, sem que os presentes ao seu leito mortuário entendam o que ela está citando. Reitera seu amor por Jesus, e isso agrada os religiosos e a mãe, que se extasiam com esses sinais de religiosidade. Na verdade, era referência ao *namoradinho* da escola, que também sentia coisas estranhas em sua apresentação teatral a ponto de abandonar o espetáculo no meio da encenação. Estão ligados por um fio condutor que apenas os dois sentem e que não é perceptível aos demais.

O estigma do câncer, com toda sua letalidade, é mostrado nesse filme de maneira angustiante. O modo como Camino definha em detalhes surpreendentes, que nos aproximam de forma indescritível da realidade do câncer, é simplesmente um dos grandes pontos de relevância do filme. Recursos de maquiagem, perucas, além de cadeiras de rodas, camas movediças, etc. são usados, de modo a fazer com que o espectador tenha diante de si não um filme que aborde uma paciente com câncer, mas o verdadeiro drama de Camino em todas as suas facetas de sofrimento. Fesser faz com que não exista separação entre um espetáculo cinematográfico e a realidade de sofrimento de um paciente portador de câncer. Estamos com Camino em seu leito mortuário e fazemos parte de sua rede de familiares e amigos que igualmente estão morrendo junto com ela em seu leito mortuário.

Afirmamos, em texto anterior,[152] que o paciente, ao morrer, não morre sozinho, pois leva um pouco de todos que o circundavam em vida. Leva o pedaço de nossas vidas de que fazia parte e em que esteve presente nas mais diferentes circunstâncias. Da mesma forma que uma parturiente não engravida sozinha, pois todo o seu entorno familiar e social igualmente engravida. Todos vivem cada etapa da gravidez, seja a avó tricotando o enxovalzinho do bebê, seja o pai escutando o coraçãozinho no ventre materno com o copo de cristal, seja, enfim, pelos inúmeros detalhamentos do processo de gravidez. Igualmente é verdadeiro que o paciente, em seu definhamento corpóreo, não morre sozinho, levando ilusões, sonhos e todas as perspectivas de vida que existiam em suas relações familiares e sociais. Isso está presente soberbamente nesse filme, com Camino mostrando não apenas o seu sofrimento, mas também o de todas as pessoas que fazem parte de seu entorno.

Camino é uma menina doce e suave, que nos encanta por sua ternura e delicadeza. Vê-la em sua sina de sofrimento, em alternâncias de esperança, que se esvai em meio ao seu desespero, e dor, é igualmente angustiante, pois é um pedaço de cada um de nós que se vai com ela. Somos atirados a emoções que se misturam ao sofrimento de Camino, o que faz com que vejamos sua dor de modo tão intenso como está sendo mostrado.

[152] ANGERAMI, V. A. Pacientes terminais: um breve esboço. In: ANGERAMI, V. A. (Org.). *Psicologia hospitalar* – teoria e prática. São Paulo: Cengage Learning, 2017.

O fato de o filme se iniciar com a mesma cena final é detalhe bastante importante. De início, assistimos à agonia final de Camino, e o que o filme faz na sequência é mostrar o tortuoso e doloroso caminho até esse ponto. Terminamos compreendendo as falas dos religiosos e da própria mãe, e alcançamos a dimensão da crueza da doença e seus efeitos sobre todos que, de alguma maneira, estavam em seu entorno. O filme transforma-nos no sofrimento e nas alegrias de Camino, arrebata-nos em uma série muito grande das mais diferentes emoções. Verdadeiramente, um filme imprescindível a todos que desejem se debruçar sobre a temática do câncer para tangenciar minimamente seus diferentes ângulos, desde o paciente, passando pelos profissionais da saúde, religiosos, familiares, enfim, todos que circundam uma vida debulhada pelo câncer.

FILME – BIUTIFUL
Direção: Alejandro Gonzalez Iñárritu
Fotografia: Rodrigo Prieto
Montagem: Stephen Mirrione
Música: Gustavo Santadália
Direção de arte: Brigite Broch
Distribuição: Paris Filmes
Ano de lançamento: 2014
Elenco principal: Javier Bardem, Marciel Alvarez, Eduard Fernandez

I – Descrição da trama

Uxbal é pai de dois filhos e tem a guarda das crianças em razão de a mãe, Marambra, ser alguém com sérios distúrbios emocionais, o que a torna totalmente instável para conciliar sua vida turbulenta com o papel de mãe. Em uma das cenas iniciais, Uxbal está em atendimento médico e lhe perguntam a razão de ter demorado tanto para buscar ajuda. Ele simplesmente responde que é pelo fato de que somente agora as dores na região pélvica e do colón estavam insuportáveis. São feitos alguns exames rotineiros e nova consulta é marcada.

Uxbal atua no submundo da ilegalidade, onde coordena diferentes atividades, mas sempre com essa conotação ilícita. Apesar dessas atividades, que envolvem muitos riscos à sua própria vida, ele mantém uma rotina satisfatória com os filhos, buscando-os diariamente na escola, e mesmo os ajudando em suas atividades escolares. Aliás, é numa atividade escolar em que auxilia a filha que surge o nome do filme. Ela pergunta como se escreve *beautiful*, e ele responde que é tal como se pronuncia, *biutiful*.

Nas ocasiões em que Uxbal, por alguma razão, não pode ir ao encontro dos filhos na escola, ele cuida para que algum vizinho faça esse papel. Também os confia aos cuidados constantes de uma chinesa que possui um filho ainda bebê, de nome Lili. Sua preocupação e cuidados com as crianças destoam completamente de sua vida no submundo de Barcelona, cidade onde vivem.

Uxbal dirige-se novamente ao hospital para saber os resultados dos exames preliminares, que indicam a necessidade de exames mais detalhados. Após vários exames, ele é informado que possui câncer de próstata, o qual já se espalhou para o fígado e a bexiga. Novamente diante da arguição do médico a respeito da razão de não ter procurado atendimento anteriormente, simplesmente informa que as dores eram suportáveis e que não sabia da gravidade. Além, naturalmente, de ter uma vida muito corrida e atribulada, que não lhe permitia sequer cuidar de sua saúde. O médico informa que, pelo estado avançado da doença, e com alguns cuidados medicamentosos, ele poderá ter ainda cerca de dois meses de vida. Ele fica aflito e vai para casa transtornado com a notícia.

Na sequência, é mostrado o momento em que ele urina em sua casa e o tanto de sangue que sai junto com o líquido. Ele passa a ficar inquieto e irascível com a ideia da morte, mas tenta manter a rotina de sua vida, principalmente junto às crianças.

Um dia, ao chegar a sua casa, ocasião em que não buscou as crianças na escola, depara-se com Marambra que os havia buscado e que prepara a refeição para todos. A tensão é muito grande, pois ele não se conforma com a ausência da mãe e a maneira como ela aparece abruptamente para, em seguida, desaparecer. O diálogo é áspero e deixa o ambiente envolto em uma situação de medo e preocupação. As crianças mostram-se abaladas com essa situação, e todos ficam à mercê dessa tensão.

Marambra, além dos distúrbios emocionais, também é alcoolista e drogadicta, e em uma das cenas aparece tendo relações sexuais com o irmão de Uxbal, também envolvido no submundo do crime. Várias situações da vida de Uxbal no submundo dos negócios ilícitos são mostradas, inclusive uma em que convive com o irmão em sua boate, ponto de drogas, prostituição e outras atividades ilícitas. Ao conversar com uma mulher que estava presente no ambiente, esquiva-se de beber, dizendo que estava tomando alguns remédios porque iria morrer. A mulher mostra-se surpresa e atônita, mas considera tratar-se apenas de um depoimento de alguém drogado, como, aliás, quase todos os presentes nesse ambiente. O diálogo com o irmão é igualmente tenso, pois estão decidindo pela venda da campa mortuária de um cemitério pertencente à família, o que irá propiciar um ganho significativo a eles. Uxbal vai embora do ambiente com o semblante de dor e sofrimento expostos de maneira absoluta.

Em outro momento, Uxbal vai buscar as crianças na casa de Marambra, ocasião em que eles se relacionam amorosamente e acabam voltando a morar juntos. Ele evita relacionamento sexual de todas as formas em razão de sua doença, sendo que, nesse momento, inclusive já fazia uso de fraldão devido a sua incontinência urinária e fecal. Aliás, há uma situação de uma pequena confusão nas ruas em que ele é preso e levado à delegacia, quando, então, urinou-se todo, pelo estado avançado da doença. Seu irmão paga a fiança e ele é colocado em liberdade.

Uxbal e os filhos mudam-se para a casa de Marambra. E Uxbal cede sua casa para Ige, a esposa de um senegalês que havia sido deportado por ser flagrado pela polícia em atividades ilícitas. Sua esposa fica em Barcelona, sendo acolhida por Uxbal em solidariedade ao antigo companheiro de submundo. Ela tem um filho pequeno e muda-se para a casa de Uxbal, que também a ajuda financeiramente, inclusive pagando o aluguel do imóvel.

Uxbal e Marambra, na convivência diária, começam a ter sérios conflitos de relacionamento. Pelo fato de ele não lhe falar sua situação de saúde, ela crê estar sendo rejeitada por ele, que evita de todas as maneiras qualquer contato sexual. As brigas entre Uxbal e Marambra tornam-se frequentes e passam a desestabilizar as crianças em níveis emocionais.

Um dia, Marambra volta de madrugada para casa e diz ter direito a se divertir, e as brigas não cessam. Certo dia, ao ir a casa do irmão, Uxbal flagra a mulher dormindo nua em seu quarto, ao que o irmão diz não ter como deixá-la de madrugada na rua, uma vez que ela estava batendo à sua porta. Uxbal conversa com Marambra e essa diz que o ama muito, mas que não tem como se controlar diante dos prazeres da vida. Ele também afirma que a magoou, então resolvem novamente pela separação.

Uxbal volta com seus filhos para sua antiga casa, que agora também tem Ige, a senegalesa, com seu filho. A convivência é harmoniosa, e inclusive ela ajuda-o na tarefa de cuidar dos filhos, uma vez que sua saúde está cada vez mais debilitada e ele inclusive não tem mais domínio dos horários e de suas responsabilidades. Ele lhe dá uma grande quantia de dinheiro para que ela possa não só pagar o aluguel, como também cuidar de seus filhos. Com a grande quantia de dinheiro recebido, ela se vê tentada a voltar para o Senegal para ir ao encontro do marido, mas acaba ficando para estar junto a Uxbal nesses momentos difíceis.

Em uma das cenas finais, a filha de Uxbal o abraça e diz não querer que ele morra, ao que ele responde que também não quer morrer. A trama termina sem que Uxbal apareça morto, e nem mesmo mostrando o sequencial de seus filhos e de Marambra, após sua morte.

II – Análise cinematográfica e de conteúdo

Iñárritu, um promissor cineasta mexicano, caminha a passos céleres rumo ao patamar dos grandes diretores da história do cinema. Seguramente já é um dos grandes nomes contemporâneos com filmes fortes, ousados e que possuem a maestria de sua genialidade a conferir-lhes determinantes de especificidades próprias. Em *Biutiful*, ele conta com a participação de Javier Bardem, certamente um dos grandes atores da atualidade, e também de todos os tempos. Iñàrritu conduz-nos, em *Biutiful*, a emoções em que a tônica principal sem sombra de dúvidas é a doença de Uxbal, mas, ao nos aproximar de suas vivências no submundo, tudo se enfeixa, e não temos momentos de tranquilidade ao longo de toda a trama. Um filme cuja tensão é a emoção que permeia toda a trama e nos atira a momentos de muita inquietação e até mesmo de sobressaltos.

Cores sombrias permeiam a quase totalidade da trama, seja para mostrar a própria obnubilação de cores do submundo, seja para mostrar a dramaticidade do que estava sendo vivido pela família de Uxbal. Quase não temos momentos em que a fotografia é luminosa, a mostrar as cores mais próximas aos dias ensolarados. Até mesmo nas sequências de rua em que Uxbal transita com seus filhos, temos a alternância de cores vivas com sombras, como que a mostrar a dualidade a que suas vidas estavam submersas. Nos momentos em que caminha sozinho rumo às suas atividades ilícitas, seu passo é sempre rápido e tenso. E temos então um jogo de câmeras a mostrá-lo em detalhes nesses ambientes, alternando os planos abertos e fechados com o recurso de zoom.

Nesse filme, não temos o detalhamento do paciente agonizando em seu leito mortuário, ao contrário, temos alguém lutando desesperadamente contra a morte e tentando se manter em atividade. A preocupação de Uxbal pressentindo o próprio fim é prover um recurso financeiro substancial aos filhos e à mulher senegalesa que, de alguma forma, irá cuidar dessas crianças.

Iñárritu trabalha no sentido de instigar nosso imaginário, pois, muitas cenas, principalmente aquelas de atividades ilícitas de Uxbal, são deixadas incompletas. Dessa maneira, cabe ao espectador terminar a cena única e tão somente em seu imaginário. Isso acontece, por exemplo, em uma transação de Uxbal junto a uma grande construção em que é intermediário de trabalhadores chineses para essa tarefa. A transação apresenta tantos outros desdobramentos, mostrando, inclusive, esse mesmo grupo de trabalhadores chineses trabalhando em uma confecção, em regime de semiescravidão, e finalmente morrendo em consequência de ventilação que teve vazamento de gás.

Uxbal é mostrado como alguém extremamente generoso, apesar de agir com atividades ilícitas no submundo de Barcelona. Tanto no episódio em que acolhe a mulher senegalesa cujo marido havia sido deportado, como em outra situação que acolhe financeiramente uma chinesa com seu filho. Essa chinesa era alguém que o ajudava em sua tarefa junto a seus filhos, e tem assim toda a generosidade Uxbal. Ela pertence àquele grupo que morre em consequência da ventilação, e o sofrimento de Uxbal diante de seu corpo e de seu pequeno filho chega a ser comovente. Iñárritu mostra-nos, dessa forma, a dualidade presente no ser humano, pois temos, de um lado, alguém praticando atividades ilícitas para prover o próprio sustento, por outro, alguém extremamente generoso, capaz de se emocionar com o sofrimento do outro. Merleau-Ponty[153] assevera que o homem é uma ideia histórica e não uma espécie natural. Em outros termos, não há na existência humana nenhuma posse incondicionada,

[153] *Fenomenologia da Percepção*, *op. cit.*

nem, todavia, algum atributo fortuito. É dizer que a existência humana obrigar-nos-á a rever nossa noção usual da necessidade e da contingência, porque ela é a mudança da contingência em necessidade pelo ato de retomada. Essa alternância em nossa condição humana é mostrada por Iñàrritu em Uxbal. Nesse sentido, ele quebra, inclusive, algo muito frequente de se mostrar em tramas cinematográficas, personagens que eram apenas a encarnação do mal, e outros, a do bem. Uxbal, antagônico a essa dualidade, e seus aspectos de generosidade estão além de suas atividades ilícitas.

Na cena em que Uxbal chora abraçado à filha, que diz não querer que ele morra, sua expressão, ao dizer que também não quer morrer, é acentuada pela combinação de cores sombrias com a maquiagem que ressalta seu rosto em vincos que determinam sofrimento e abatimento com os cabelos, que continuam a emprestar-lhes um ar jovial. A câmera foca os dois em plano fechado para se afastar em seguida e exibir o ambiente triste e sombrio.

A música é igualmente muito bem cuidada e apresenta conotações precisas ao que é mostrado no sequencial de cenas. A música foi respeitada em sua exibição nas colagens entre as cenas nas mudanças de *setting*. Tudo foi feito de maneira meticulosa e não perdemos a sequência de melodias nas mudanças de cenas. Em sua quase totalidade, temos música tocada em arpejos, com exceção da melodia principal da trama, que é executada em piano com harmonizações dissonantes e bastante melodiosas. A música, na maioria das cenas, surge como sendo mais um dos elementos a levar tensão e angústia ao espectador. A guitarra tece músicas em arpejos, que se misturam ao próprio cenário exibido e se configuram com complementos de angústia e desespero. Iñárritu também se utiliza de sons ambientes, de sons que se configuram na própria angústia do que está sendo exibido, tornando-a sonora. Ele também se utiliza de sons advindos de instrumentos de percussão, o que torna *Biutiful* próximo aos seus outros filmes em que esse detalhe configura-se em situações de tensão e estresse.

Iñárritu alterna as cenas da trama principal com imagens de Barcelona. Ora noturnas ora flagrando o lado pobre da cidade, Barcelona é mostrada em diversos momentos. Inclusive, em um dos momentos mais significativos do filme, em razão do agravamento da doença de Uxbal e seus problemas no submundo, é mostrada uma cena do amanhecer da cidade, com o Sol inundando as ruas e sobrepondo-se à noite, que ainda insiste em se manter.

Outro aspecto bastante interessante nessas alternâncias de cenas são os momentos em que são exibidas chaminés de fábricas, lançando ao espaço as fumaças dos mais diferentes tons. Em alguns momentos, temos fumaças mais claras e, em outros, bem pretas, que mostram a própria poluição causada ao meio ambiente, inclusive no momento em que atingem a atmosfera. Iñárritu mostra essa descarga de dejetos industriais, revelando não apenas a origem da poluição que atinge Barcelona, bem como a maioria das grandes cidades pelo mundo. Ele faz, com esse simbolismo, a analogia da maneira como o submundo igualmente contamina as cidades impiedosamente. Pessoas transitando pelo submundo e expondo os demais a todas as formas de sortilégios para que essas atividades ilícitas sejam preservadas. A corrupção policial é mostrada ao mesmo tempo que as chaminés lançam seus dejetos na atmosfera. Corrupção e poluição, cancros que assolam as grandes cidades, e que Iñárritu mostra, compartilhando com a vida que se desenrola nas atividades corriqueiras de Barcelona.

Em outras alternâncias, são imagens de insetos focalizados em detalhes em diversos momentos do filme. Tudo se mistura entre as diferentes cenas, e temos então colagens das cenas que se alternam, ora com chaminés, ora com insetos. Ou ainda cenas detalhadas do submundo, em que a sujeira e precariedade do ambiente misturam-se e igualam-se à precariedade de vida dos personagens da trama. Uxbal transita nesses ambientes e, em uma de suas diversas atividades, está a construção cível em que ele negocia trabalho para um grupo de chineses desocupados. Essa variação de suas atividades com a mescla dessas imagens mostradas por Iñárritu dão ao filme um constitutivo sombrio em que a doença de Uxbal é apenas um dos tantos fatores de sua vida, constantemente colocada em risco sob as mais diferentes condições.

Uma das grandes virtudes dessa trama é mostrar Uxbal sob o impacto de um diagnóstico letal, e a maneira como ele tenta conduzir sua vida, inclusive, ajeitando e resolvendo questões que, de alguma maneira, garantiriam um período de proteção financeira aos filhos. Em um dos diálogos com sua filha, essa pergunta se ele gostava de seu pai, ao que ele titubeia e diz que não conheceu o pai, pois esse saiu da Espanha quando sua mãe ainda estava grávida dele. Ele olha para a filha fixando seu olhar no dela e diz para que ela nunca se esqueça desse olhar, ao que ela assente para em seguida se abraçarem e chorarem diante da emoção exaurida nessa cena. Iñárritu, nesse momento, utiliza duas câmeras que se movimentam, alcançando a expressão de emoção de Uxbal e de sua filha, e, sem dúvida alguma, esse detalhamento torna a cena muito mais emocionante.

FILME – INVASÕES BÁRBARAS

Título original: Les Invasions Barbares
Direção: Denys Arcand
Fotografia: Guy Dufaux
Montagem: Isabelle Dedieu
Música: Pierre Adit
Direção de arte: François Séguin
Distribuição: Europa Filme
Ano de lançamento: 2010
Elenco principal: Rémy Girard, Marie-Josée Croze, Marina Hands

I – Descrição da trama

O diretor Denys Arcand reúne nessa trama um grupo de amigos que já estavam presentes em um de seus principais filmes, *O declínio do império americano (Le déclin d'empire américan)*. Dezoito anos após, esses amigos reúnem-se novamente em torno de Rémy, abatido por um câncer raro. Essa reunião, longe de ser algo simplista e casual, dá a trama uma característica própria, ou seja, a similaridade com a vida real, quando pessoas se reaproximam em função da enfermidade de familiares ou amigos próximos. Pelo fato de ele reunir os mesmos protagonistas dezoito anos após o outro filme, temos algo muito próximo da vida real, tanto pelo próprio envelhecimento dos protagonistas como também pela maneira como essa aproximação ocorre.

A trama inicia-se com Dominique ligando de Montreal para Sebastien, seu filho em Londres. Diz a ele que seu pai, Rémy, está em estado terminal devido à ferocidade de um câncer, que está dizimando sua vida a olhos vistos. Ele então pergunta se foi o pai quem pediu sua presença, argumentando que, no último encontro de ambos, a relação havia sido muito difícil. A mãe diz que a ligação é iniciativa dela, pois ela não tem como lidar com tudo isso sozinha, uma vez que a outra filha está velejando pelo Oceano Pacífico, e não tem disponibilidade para voltar e minimamente ajudar nos cuidados com o pai. Maria é separada de Rémy há muitos anos, mas, pela sua condição solitária, é ela quem acaba assumindo a responsabilidade por seus cuidados.

Sebastien vem de Londres, com sua companheira, Gaëlle, e inicia então toda uma ação para prover ao pai as melhores condições possíveis em seus últimos momentos de vida. Tão logo chega ao hospital para ver o pai, depara-se com uma de suas amantes tentando beijá-lo e acariciá-lo em pleno hospital. Ele se irrita e grita com o pai, dizendo que esse lado sedutor e conquistador do pai haviam acabado com a família e causado sérios danos tanto à infância dele como à de sua irmã Sylvaine. Depois dessa discussão áspera, ele se mobiliza para ir embora, mas é dissuadido pela mãe.

Sebastien argumenta com o pai sobre a necessidade de procurarem um hospital melhor, ao que Rémy argumenta que sempre defendeu a socialização dos hospitais, e que, então, ficaria lá mesmo. Sebastien conversa com um dos médicos da equipe e esse diz que os exames mais precisos somente seriam possíveis em uma cidade dos EUA, Baltimore, em Maryland. Então, Sebastien custeia a ida para essa cidade para a efetivação dos exames.

Na volta ao hospital, Sebastien fica sabendo que um dos andares do hospital está vazio. Procura então pela superintendência do hospital, e oferece uma quantia significativa em dinheiro para que seu pai pudesse ser transferido para o 2° andar. Ouve argumentos de que essa questão teria que ser resolvida com o sindicato hospitalar. Ele também vai ao espaço sindical e também corrompe seus membros para conseguir seu intento. Assim, seu pai é transferido para o 2° andar e passa a ter todos os privilégios que o seu dinheiro pode proporcionar. E cada nova etapa apresenta Sebastien comprando o cuidar com o poder de seu dinheiro.

Na sequência, Sebastien procura pelos antigos companheiros do pai, relatando seu estado terminal e a importância da presenças deles junto ao pai, em seus últimos momentos. Um a um, todos acabam cedendo aos argumentos de Sebastien, e o espaço hospitalar em que Rémy está sendo tratado torna-se igualmente espaço de reminiscência de outros tempos. Tempos em que a vida ainda trazia ilusão e crenças políticas a todos.

Em uma nova viagem a Baltimore para exames, Rémy pede para Sebastien solicitar ao motorista da ambulância para que parem à beira de um lago em que haviam vivido bons momentos. Temos então uma cena comovente com Rémy junto ao lago, em um ambiente de nostalgia. Rémy lembra quando deixou suas aulas na universidade, transferindo sua turma para outra professora. Em outro momento, alguns desses alunos vão ao hospital visitar Rémy, fato que o deixa muito surpreso pela indiferença no momento de sua despedida. Mas a resposta estava no hall do hospital, quando Sebastien paga a esses alunos a quantia combinada para que esses visitassem seu pai. Apenas uma aluna recusa-se a receber a verba combinada por ter ficado muito sensibilizada diante da situação de Rémy. Novamente se vê o dinheiro de Sebastien comprando os cuidados de que o pai necessitava.

Na volta, Sebastien é informado de que o estado do pai é realmente desesperador, e que somente heroína poderia aliviar suas dores. Ele então recorre ao setor de narcóticos da polícia, mas não consegue orientação policial para obtenção da droga. Recorre a uma das amigas de Rémy, a Diane, que possui uma filha, Nathalie, usuária de drogas, e essa coloca Sebastien em contato com a filha. Assim, Sebastien consegue a droga, para alívio ao sofrimento do pai. Dessa maneira, Sebastien vai propiciando ao pai uma situação de muito conforto em sua doença, em um sistema de saúde caótico. Inclusive, mostra pelo computador imagens da filha de Rémy, Sylvaine, em um barco no Oceano Pacífico, em mensagem comovente ao pai hospitalizado.

As cenas em que Rémy recebe doses de heroína para alívio de dor são muito eloquentes, inclusive em uma crise de abstinência. Os antigos amigos de Rémy estão sempre presente ao seu lado em seu sofrimento, e isso, por si, faz com que o enfrentamento da doença seja mais incisivo.

Sebastien consegue que um dos amigos de Rémy ceda sua casa de campo junto ao lago para que todos passem juntos um final de semana, aquele que ele certamente prenunciava como sendo o último do pai. Todos se reúnem e, à noite, fazem reminiscências dos tempos de militância política, de conquistas amorosas e de tantos outros fatos que fizeram parte de suas vidas. Ao ser servida a refeição, Rémy rejeita um de seus pratos preferidos, pois já não tinha mais condições de se alimentar. Ao abrirem o vinho para comemorarem, Rémy pede para que brindem por ele por não ter mais condições de beber pela situação em que seu fígado se encontrava. Assim, todos ficam juntos até o amanhecer, quando a vida de Rémy se esvai totalmente. Antes, ele abraça o filho e, em um dos momentos mais comoventes do filme, diz que deseja para ele apenas que tenha um filho como ele. Depois das resoluções práticas desse desenlace de vida, Sebastien parte de volta para Londres com Gaëlle.

II – Análise cinematográfica e de conteúdo

A primeira coisa que nos salta aos olhos no filme de Denys Arcand é o caos do sistema de saúde do Canadá, algo que se aproxima demais de nossa realidade brasileira. Na ocasião do lançamento desse filme, não foram poucas as vozes que protestaram contra o que era exibido, com a alegação de que isso tudo era falso e que o sistema de saúde do Canadá era um dos mais desenvolvidos do mundo. Mas o filme é canadense, portanto feito por alguém que conhece essa realidade e que resolveu mostrá-la ao mundo através de sua obra cinematográfica. Decididamente, é estarrecedor observar as cenas hospitalares mostradas ao longo do filme, principalmente pelo fato de que Rémy só obteve cuidados adequados em razão de seu filho Sebastien corromper a todos com quem se deparasse em seu caminho. Desde a visita dos alunos de Rémy, passando pelo espaço de hospitalização e respectivos cuidados, culminando com a procura de heroína para que seu pai não sofresse fortes dores, tudo, absolutamente tudo, era obtido graças ao poder de persuasão de Sebastien pela corrupção. Talvez, até mais do que as cenas estarrecedoras da realidade hospitalar, o fato de Sebastien recorrer ao poder da corrupção para obter os benefícios que deveriam ser inerentes ao sistema de saúde em si é o que mais causa perplexidade no filme.

Somos representantes no Brasil de uma parcela de profissionais da saúde que lutam pela dignidade e respeito aos atendimentos hospitalares em nossa realidade. Essa constatação de que a dignidade ao paciente só é obtida através do poder transgressor do dinheiro simplesmente nos deixa não apenas indignados como perplexos, por mostrar uma realidade de um país do chamado primeiro mundo, e que, no entanto, aproxima-se de nossas estruturas tupiniquins.

Filmes como *Tropa de Elite*,[154] do diretor José Padilha, exibem a crueza de nossa realidade social, algo que, embora vivamos em nossa

[154] PADILHA, J. *Tropa de elite*. São Paulo: Imagem Filmes, 2014.

cotidianidade, ainda assim é chocante assistir na projeção cinematográfica. Cenas tão violentas e revestidas de toda a arbitrariedade policial, em tons e semitons de nossa degradação social, são exibidas em filmes que transformam esses protagonistas em heróis da insatisfação social. Esse filme tornou-se referência junto ao público, fazendo com que os policiais da película, apesar de toda a truculência exibida em frontal agressão aos direitos humanos básicos, tornassem-se heróis nacionais. Embora possamos justificar que esse fato se deu com a crescente escalada da violência em nossa sociedade, em que se tornou corrente a afirmação de que *bandido bom é bandido morto*. Mas, em *Invasões bárbaras*, ao contrário, temos a realidade do Canadá, país tido como exemplar, principalmente no quesito saúde pública. Assistir a imagens que em nada ficam a dever à própria precariedade de nosso sistema de saúde é, por si, simplesmente surreal. Como citamos anteriormente, mesmo com tantas vozes erguendo-se em negação ao que é exibido, e sempre colocando o Canadá como referência em saúde pública, o que temos é um filme canadense, feitos por canadenses e com recursos canadenses. Portanto, uma realização cinematográfica realizada por quem conhece sua realidade.

A corrupção efetivada por Sebastien ao longo de todo filme choca até mesmo os nossos padrões brasileiros, em que ela é uma chaga, que se espraia em todos os âmbitos de nossa realidade. Ao mostrar os alunos de Rémy visitando-o no hospital em troca de dinheiro, temos a total falta de qualquer vínculo que não seja efetivado pelo poder corruptor de Sebastien. Denys em sua trama parece defender a premissa de que, para se ter um atendimento digno e com todos os recursos de tratamento inerentes, somente é possível com a corrupção efetivada junto aos envolvidos nos diversos segmentos do tratamento. Isso por si é lamentável, pois vai a sentido contrário a tudo que se preconiza nas lides da saúde. A defesa da socialização do atendimento hospitalar com os preceitos de dignidade ao paciente colide com o que assistimos ininterruptamente nesse filme. Até mesmo o sofrimento de Rémy, em sua saga de definhamento e sofrimento corpóreo, não provoca tantas emoções e inquietações quanto a corrupção detalhada ininterruptamente ao longo do filme.

O filme tem fotografia muito linda em alguns momentos, como naquela parada da ambulância no lago em que Rémy rememora fatos de sua vida. Temos mudanças de câmeras em plano aberto e fechado, mostrando o Sol no horizonte em contraponto com a figura de Rémy, na cadeira de rodas, envolto em um cobertor. Seu semblante é destacado, mostrando sofrimento e resignação diante de seu estado de total fragilidade física e emocional. Mas, novamente, temos a primazia das câmeras nos momentos em que Sebastien corrompe seus interlocutores. Nessas situações, temos câmeras focando detalhadamente o dinheiro com alternância para os semblantes, tanto de Sebastien corrompendo como dos corruptos aceitando o fruto da corrupção. Nessas situações, a ênfase é dada com detalhes de precisão como que a enfatizar que o grande destaque da trama, mais do que a doença e sofrimento de Rémy, é a corrupção que permeia todo o processo de tratamento. Paradoxalmente, temos toda a rede de proteção propiciada por esse processo corrupto, beneficiando a Rémy de modo único. Ele fica feliz e surpreso com a visita de seus alunos e, pelo fato de não saber que por trás de tudo está o poder corruptor do filho, sente-se muito satisfeito em ter as pessoas em seu entorno.

A metamensagem que Denys Arcand nos passa nessa trama é a de que, se você tiver dinheiro para comprar o melhor espaço no hospital, viajar para fazer exames precisos e o melhor atendimento hospitalar, então o enfrentamento do câncer, ou de qualquer outra doença, dar-se-á em condições dignas. E o que fica em termos latentes é que, sem dinheiro, o que resta são situações desumanas e sem qualquer dignidade de tratamento.

De outra parte, *Invasões bárbaras* também é um filme que mostra a importância de se resgatar vínculos distantes para que a derradeira jornada se realize sem pendências emocionais. Tanto com seu filho Sebastien, com quem Rémy tinha sérias divergências de vida, como com sua filha Sylvaine, além naturalmente dos amigos de outrora, que igualmente estavam distantes, o que se assiste é algo muito emocionante nesse resgate emocional. Esse aspecto do cuidado de Sebastien para com o pai é também bastante emocionante, pois sua preocupação com os detalhes faz com que Rémy tenha acolhimento em que os preceitos de dignidade estão presentes de modo único.

Desde que o cuidado para com o paciente em estágio terminal entrou no rol das preocupações dos profissionais da saúde nas lides acadêmicas, o que mais se preconiza nesse sentido é justamente a importância de o paciente morrer em casa, junto de seus familiares e amigos. O que se argumenta é que, ao longo da vida, esse paciente viveu junto dos amigos e familiares, e que, em seu momento derradeiro, fica isolado no hospital, envolto em máquinas e tecnologias, as quais, embora possam prolongar sua vida e trazer alívio às dores, não permitem o contato do calor humano, muitas vezes até mais imprescindíveis do que essa tecnologia. Sem dúvida alguma, esse detalhamento na vida do paciente que se encontra agonizando é muito importante, pois sentirá que sua vida se esvai ao lado das pessoas com quem sempre partilhou a própria vida.

Invasões bárbaras mostra esse desligamento da vida junto de familiares e amigos de maneira muito comovente, pois até mesmo a filha distante dá um último depoimento ao pai em que relata o significado que esse teve em sua vida. E também da importância do modelo que havia sido para ela não apenas de pai, como também de homem. Os amigos unem-se de modo harmonioso tanto no hospital como no final de semana em que passam juntos na casa de um deles. Mais do que reminiscências, o que assistimos é a vivência de um vínculo que, embora distante pela vida de cada um, ainda é forte o suficiente para trazer um grande conforto a Rémy. Esse aspecto faz do filme algo único para a facilitação desse tipo de discussão. Dificilmente, um filme terá tanta propriedade em abordar esse sequencial de desligamento da vida de modo tão delicado e emocionante. Não fosse a corrupção que conspurca parte significativa das partes do tratamento de Rémy, teríamos um filme que certamente seria considerado indispensável no rol dos que abordam a temática do câncer.

De outra parte, pode-se considerar a hipótese de que o diretor Denys Arcand intencionou mostrar o detalhamento da luta contra o câncer em uma realidade caótica de sistema de saúde e o poder do dinheiro para se conseguir os benefícios e recursos necessários a esse tratamento. Assim, temos uma obra que enfeixa todos os segmentos da realidade dos sistemas de saúde na grande maioria dos países em nível mundial. Não por acaso, pessoas providas de recursos financeiros e que vivem nos chamados países subdesenvolvidos recorrem a tratamento contra o câncer e outras doenças desestabilizadoras nos grandes centros de referência mundial. Assim, como mera citação, New York acaba se tornando depositária de pessoas de todas as partes do universo em busca de tratamento especializado e que contemplem quesitos de dignidade humana.

Denys Arcand certamente nos choca ao exibir uma realidade tão ácida e cruel de maneira tão simplista. Mas o que ele nos mostra concomitantemente é que quem possui dinheiro busca de todas as formas uma alternativa para os tratamentos de saúde nessas situações caóticas da maioria dos países. Seja indo para New York, seja corrompendo a tudo e todos como em seu filme, o que ele nos escancara é que a busca por dignidade passa necessariamente pela posse de recursos materiais. Infelizmente seus argumentos são tão portentosos e estarrecedores que só nos resta cairmos inertes e continuarmos a sonhar com uma sociedade mais digna, justa e fraterna. Talvez seja essa a razão pela qual um filme tão magnífico não figure nas listas dos que abordam o câncer e dos recomendados para embasamento de discussões acadêmicas e filosóficas sobre a temática. Ou então, por mostrar de modo tão desesperador a realidade dos sistemas de saúde da grande maioria dos países do mundo. Muitas vezes nossa ingenuidade, ou mesmo ignorância diante da crueza da realidade, impede-nos de ver isso.

A lista de filmes recomendada para se discutir o câncer é, em sua grande maioria, de hollywoodianos, que mostram geralmente o sofrimento do paciente e sua família sem qualquer questionamento da realidade dos sistemas de saúde em geral. Temos, então, o câncer ceifando as vidas dos pacientes e familiares de modo cruel, mas sem que, ainda que tangencialmente, o sistema de saúde seja mostrado em seus detalhamentos. *Invasões bárbaras*, ao contrário, mostra-nos, em uma das primeiras cenas, Rémy, resignado, em um corredor hospitalar, juntamente com dezenas de doentes, na situação mais precária que se pode conceber, afirmando que sempre havia defendido a socialização do sistema de saúde. Assim, essa seria sua realidade de tratamento. Realidade mudada justamente com o poder avassalador do dinheiro de Sebastien, que simplesmente corrompe e corrói tudo que encontra pela frente.

Invasões bárbaras, nome de um filme estonteante e que surge em citação de uma matéria televisiva exibida no hospital, abordando o bombardeiro das torres gêmeas em New York. Mas certamente serve também para definir a precariedade das condições de saúde diante do poder destruidor das desigualdades sociais, presentes em nossa sociedade contemporânea. Desigualdade que tem sua faceta mais contundente justamente nas lides da saúde pública, em que todas as mazelas do sofrimento humano são exibidas sem qualquer retoque que possa atenuar essa barbárie cometida contra tantas pessoas, em tantos países do mundo. Em países como o Brasil, cuja maioria da população padece à míngua, sem qualquer recurso de dignidade social em termos de moradia, segurança, transporte público, saneamento básico, etc., a saúde é igualmente relegada a um plano secundário nas necessidades básicas dessas pessoas. E a saúde infelizmente apenas escancara a total precariedade de vida de tantas pessoas que simplesmente agonizam em vida sem sequer saber de seus direitos. *Invasões bárbaras* tem o grande mérito de mostrar o sofrimento de um paciente portador de câncer envolto em condições precárias de um sistema de saúde totalmente desumano. Situação em que a doença não tem sequer como ser alcançada em seu verdadeiro limiar de desestruturação sociofamiliar. Isso faz com que seja um filme indispensável na verdadeira compreensão das contradições e mazelas presentes diante do surgimento de uma doença e dos recursos que se fazem necessários para o seu enfrentamento.

FILME – DOCE NOVEMBRO

Título original: Sweet November
Direção: Pat O'Connor
Fotografia: Edward Lachmann
Montagem: Kurt Voelker
Música: Christopher Young
Direção de arte: Anne V. Coates
Distribuição: Warner Bross
Ano de lançamento: 2013
Elenco principal: Keanu Reeves, Charlize Theron

I – Descrição da trama

Nelson trabalha em uma agência de publicidade, sendo considerado um dos grandes profissionais da área, com muitos prêmios conquistados em razão da eficácia de seu desempenho profissional. *Workaholic*, essa a melhor definição para sua dedicação ao trabalho. Vemos cenas em que ele mal acorda e já liga um conjunto de vários televisores sintonizados em diferentes canais para se situar sobre as novidades do mercado. Sua companheira, Angela, reclama de que ele só tem tempo e vida para o trabalho. O ritmo de Nelson na agência de publicidade em que trabalha é alucinante, desempenhando várias atividades simultaneamente, e praticamente enlouquecendo todos ao seu redor.

Nelson vai ao Departamento de Trânsito prestar exames para renovação de sua carteira de habilitação, e lá acaba conhecendo Sara, em uma situação em que provoca sua reprovação. Ela o espera na saída e fica pasma ao ver seu carro, um magnífico Mercedes Benz. Ela possui um simples utilitário, que praticamente desaparece diante do carro de Nelson. Trocam algumas palavras e se despedem.

No dia seguinte, Nelson é avisado pelo porteiro de seu luxuoso prédio que uma mulher quer vê-lo, inclusive ameaçando escândalos se não for atendida. Ele a visualiza pela câmera de segurança e desce até a portaria para falar com ela. Então se vê admoestado a conduzi-la para uma atividade noturna. Ele recusa, e ela, mostrando incisão em seus intentos, consegue persuadi-lo. Vão até um local ermo, em que ela coloca máscara e luvas, e adentra ao lugar. Na sequência, volta com um cachorrinho no colo, dizendo que ele ia ser submetido à experiência para fabricação de perfumaria e que ela havia conseguido libertá-lo. Ao deixá-la em sua casa, pede para não ser mais procurado por ela, ao que a mulher concorda, deixando claro que não sabe se irá aceitar essa condição.

No dia seguinte, Nelson tem uma situação muito estressante em seu trabalho que culmina com sua demissão. Ao chegar a casa, encontra Angela de malas prontas para deixá-lo. Surge, então, novamente Sara, que diz que pode ajudá-lo nesse maremoto em que ele se encontra, e propõe que ele more com ela durante o mês de novembro. Assim, ele mudaria de vida completamente e não mais sofreria tantos aborrecimentos. Ele ri diante da proposta inusitada e os dois acabam se relacionando sexualmente. Daí para que ele vá morar em sua casa é apenas uma questão sequencial. O conflito de valores entre Nelson e Sara é simplesmente abismoso, e faz com que suas posições, em sua cotidianidade, sempre sejam permeadas por muitos confrontos. Ele a chama de hiposa (um mero depreciativo de *hippie*) inconsequente. Embora ele vá aos poucos se tornando mais afetuoso, e por assim dizer mais humano no convívio com ela, os conflitos são intensos.

Nelson conhece Abner, um garoto vizinho de Sara e que não conhecia o próprio pai. O menino paternaliza a figura de Nelson e essa proximidade ajuda o menino em diversas situações de sua vida, como em uma atividade escolar em que os alunos levaram seus respectivos pais, e Abner levou a Nelson para suprir essa ausência.

Nelson e Sara, nessa convivência prevista inicialmente para ser apenas em novembro, envolvem-se e apaixonam-se perdidamente. Ele passa a conhecer os amigos e a vida de Sara, e, aos poucos, vai aceitando de maneira parcimoniosa sua vida. Em determinado momento, ele flagra Sara escondendo coisas em um armário, trancado com cadeado. Insiste em saber o que ela guarda ali. Ela se desespera e se irrita. Abre a porta e mostra os vários remédios que estavam ali guardados e que faziam parte de sua vida. Totalmente ensandecida, atira os remédios no chão e chora desesperadoramente. Um amigo que também era vizinho corre para ajudá-la e relata a Nelson que ela possui um linfoma tipo Hodgkin, informando ainda que ela possui apenas meses de vida.

Na sequência, Sara é hospitalizada e, tão logo recebe alta, pede para Nelson deixá-la, pois assim ele viveria com as lembranças dos momentos maravilhosos que haviam experimentado. Ele reluta, mas ela diz que vai ao encontro de sua família de quem estava distante para que eles cuidem dela, pois já estavam dispostos a isso. Assim, ela se vai deixando atrás de si apenas reminiscências do que foi vivido.

II – Análise cinematográfica e de conteúdo

De início, essa trama mostra-se uma insuportável comédia romântica daquelas simplesmente indigestas. Todos os detalhes do romance envolvendo Nelson e Sara são absurdamente previsíveis, como geralmente acontece com esse tipo de filme. No entanto, quando Sara começa a ter suas primeiras manifestações do sofrimento provocado por seu câncer, temos uma mudança radical. O que era um filme medíocre e previsível transforma-se em uma trama emocionante, que nos leva a reflexões ímpares sobre o sentido de vida, e os determinantes da vida diante do sofrimento.

Paula Angerami[155] trata da necessidade de diluirmos a dicotomia que existe entre belas artes, artes populares e ruins. De tal forma que, se formos pensar o cinema em que também existe essa dicotomia entre o cinema de arte e o de circuito comercial, temos então que ambos se prestam a desencadear reflexões dos mais diferentes matizes. O cinema, assim, deve ser situado no cotidiano, nas experiências elementares. E principalmente fora do abismo que existe entre as belas artes e a vida cotidiana.

[155] *O cinema na educação. Perspectivas filosóficas a partir de John Dewey, op. cit.*

Charlize Theron, a atriz que representa Sara, quando do surgimento das manifestações da doença, passa a ter um desempenho simplesmente surpreendente, que contrasta de maneira indescritível com o do início da trama. Aliás, como dito anteriormente, o filme todo se transforma em algo arrebatador. As imagens de Sara no leito hospitalar com todos os aparatos tecnológicos de tratamento são comoventes. Seu expressionismo transforma-se de modo a nos levar às lágrimas, tal a maneira como o sofrimento se estampa em sua face.

A música, bem como a direção de fotografia e a montagem das cenas, obedece ao padrão da indústria hollywoodiana de entretenimento, ou seja, tudo comedido, sem vida e sem qualquer requinte que possa diferenciá-lo de outro filme. Tudo feito sem qualquer preocupação artística, e o que se evidencia é apenas a utilização mínima de recursos para a realização da trama. Como foi dito anteriormente, apenas com o surgimento da doença esse filme torna-se marcante e muito interessante. Mas, ainda assim, não temos um filme em que o esmero artístico faça-se predominante. A impressão que se tem é que todos se reúnem em torno da elaboração do filme com o mínimo necessário para a efetivação de sua realização.

O sofrimento de Sara lança-nos em questionamentos profundos e severos sobre o próprio sentido de vida. Pois o que é mostrado em seu sofrimento, acima de qualquer outra coisa, é a maneira como o câncer ceifa sonhos e ilusões não apenas de um relacionamento amoroso, mas principalmente de todo um projeto de vida. Nelson passa a ser outra pessoa depois do convívio com Sara e, quando se projeta para novos lampejos nessa perspectiva de vida, depara-se com o câncer dela. Tudo se transforma em renúncia e mesmo na resignação de que nada pode ser feito no sentido de transformação dessa realidade.

De *workaholic* a pessoa sensível com o outro e até mesmo com as desigualdades sociais em que a propaganda, sua área de atuação, tem influência decisiva. Em uma cena, Nelson, já em sua nova perspectiva de vida com Sara, tem uma reunião com um executivo de uma grande agência de publicidade, que faz uma proposta irrecusável a ele e a um companheiro de trabalho. No entanto, ao perceber o modo como o executivo trata a garçonete do local em que se encontravam, simplesmente recusa a proposta e diz que não aceitará o trabalho por não aceitar a maneira como ele tratou a garçonete. Seu companheiro fica incrédulo e os dois tem uma discussão acirrada, mas a perspectiva de Nelson agora era outra, ele estava em outro diapasão de vida a partir da convivência amorosa com Sara. Merleau-Ponty[156] assevera-nos que todo saber instala-se nos horizontes abertos pela percepção. Não se pode tratar de descrever a própria percepção como um dos fatos que se produzem no mundo, já que a percepção é a *falha* de tudo o que o intelectualismo concebe como racional. Tudo agora era diferente em sua vida, e o câncer de Sara vem simplesmente para lançar por terra todos os seus sonhos e ideais. Tudo aquilo que era percebido e concebido como uma nova forma de vida, uma vida plena e sem o ranço de sua condição *workaholic*, desmorona-se diante da doença de Sara.

Somos a encarnação de Nelson no tocante à resignação de se aceitar o fim dos sonhos diante da indissolubilidade da presença da morte. Fim dos sonhos, ilusões e todos os projetos de vida que simplesmente se esvaem diante da morte, ou de sua iminência absoluta. A projeção que fazemos de seu sofrimento nos lanceta a alma de modo indissolúvel, pois nos remete a outras tantas situações em que as nossas escolhas de vida foram cerceadas por obstáculos que se antepuseram aos nossos caminhos. Esse aspecto torna o filme simplesmente dramático, pois o que nos é exibido é a total resignação de alguém que se vê obrigado a desistir de seus sonhos. Totalmente quedado diante das vicissitudes do caminho. A dor de Nelson praticamente é mais contundente do que o próprio sofrimento de Sara, na medida em que escancara a condição humana de modo único, pois o sofrimento e o desencanto sempre estão presentes, por mais que empreitemos esforços para deles nos livrarmos. E isso a dor de Nelson estampa de modo único, pois ficamos à mercê de emoções que vão desde a frustração pelo amor que finda como, e principalmente, pelo fato de o filme terminar como absurdamente real. Distante das comédias românticas da indústria de entretenimento hollywoodiano, em que o final é sempre feliz, faltando apenas a frase dos antigos contos de fada: *E foram felizes para sempre*. Mas *Doce novembro* quebra esse paradigma, ao nos lançar ao encontro de algo absurdamente real, que é a decepção diante do desmoronamento de nossos sonhos e ilusões pelo surgimento absurdo e inesperado da morte.

[156] *Fenomenologia da Percepção, op. cit.*

Doce novembro, doce mês que Nelson tenta prorrogar com Sara de todas as formas, e simplesmente esbarra em seu desejo de não permitir que ele a veja em seus momentos de definhamento. Nelson, de início, acredita que a recusa de Sara era pelo fato de não o amar, mas o que está em pauta na realidade é o fato de ela não querer ser vista em seu definhamento. Suas juras de amor apenas trazem mais dramaticidade ao romance em si, pois o que verdadeiramente estava em questão era o fato de que ela iria para junto de sua família para que fosse cuidada até seu final, bem distante tanto de Nelson como de outras pessoas queridas. Assim, vemos uma trama que muito se assemelha a nossa cotidianidade, sem final feliz e tampouco sem qualquer consolo senão lidar com a perda e a angústia do desconhecido frente ao que a vida se nos impõe. A angústia de Nelson também é nossa. Sua dor diante desse momento de separação e de reconstrução também é nosso momento de sofrimento diante das tantas barreiras que surgem em nossos caminhos, e das quais somos apenas reféns em seu enfrentamento. O modo como *Doce novembro* lança-nos em reflexões sobre nossa própria vida é único, no sentido de que acabamos deixando a trama de lado para situar em nossa própria vida os nossos desatinos e superações.

Particularmente não tenho como não dizer de uma grande superação em continuar assistindo a um filme que se mostrava medíocre e previsível como a grande maioria das comédias românticas adocicadas e inconsequentes. Felizmente, de há muito me disciplino a sempre assistir até ao final todos os filmes que me proponho a apreciar. Desse modo, consegui superar a baboseira inicial e pude me deparar com um filme surpreendentemente belo em sua trama e enredo muito bem enfeixados, e articulados na questão do sofrimento diante da morte e do desespero humano. Isso em que pese a precariedade técnica e o descaso com detalhes que poderiam torná-lo ainda mais fascinante e interessante.

FILME – UMA PROVA DE AMOR

Título original: My Sister Deeper
Direção: Nick Cassavets
Fotografia: Caleb Deschanel
Montagem: Alan Heim
Música: Aaron Zigman
Direção de arte: Shay Cunlife

Distribuição: Play Arte
Ano de lançamento: 2015
Elenco principal: Cameron Diaz, Abigail Breslin, Alec Baldwin, Jason Patric

I – Descrição da trama

O filme inicia com a voz de Anna em *off*,[157] relatando que havia sido concebida como uma tentativa de seus pais salvarem sua irmã, Kate, que padecia de uma Síndrome Leucêmica bastante severa. Faz uma pequena digressão sobre a maneira como as crianças em geral são concebidas, desde planejamento familiar, embriaguez e mera casualidade. Em seu caso, ao contrário, seu nascimento foi planejado para que pudesse contribuir para a sobrevivência de sua irmã. Na sequência, é mostrada a consulta em que o médico diz que ela em breve iria necessitar de transplante renal, e que o do irmão, Jesse, e o dos pais eram incompatíveis. Ela iria receber, então, algum rim de portador desconhecido e isso sempre trazia algum risco. O médico então aconselha que eles pudessem conceber um filho em proveta cujas chances de compatibilidade eram praticamente absolutas. Diz ainda que o sangue do cordão umbilical dessa nova criança seria um remédio muito eficaz para Kate.

O filme volta-se então para o tratamento de Kate com todos os seus percalços e sofrimentos. Também é mostrado o romance de Kate com um jovem, Taylor, que também faz tratamento quimioterápico no mesmo hospital. É mostrado o envolvimento dos dois e o tanto que a relação evolui, apesar da doença de ambos. O relacionamento é interrompido com a morte de Taylor.

Outra voz em *off*, dessa vez de um advogado, Alexander, que foi procurado por Anna. Ela o procura para garantir o direito de não doar seu rim para a irmã. Diz ainda que durante toda sua vida teve que doar coisas para sua irmã. De princípio, o advogado não acredita na versão da menina, mas essa, munida de documentos, passa a exibir todo um histórico de doações feitas ao longo de sua vida. Ele fica então incrédulo

[157] Expressão utilizada para definir quando existe uma voz narrando fatos e cenas em que o rosto do interlocutor não é mostrado.

ao ver que ela já havia feito transfusões de células brancas, medula óssea, linfócitos, além de sangue do cordão umbilical. Ao todo, em seus onze anos de idade, já havia oito hospitalizações.

No hospital, a mãe, Sara, é intimada judicialmente com essa ação impetrada pela filha. Incrédula, chega a bater em Anna, que também está junto à irmã, com a mãe e a tia Kelly, pessoa querida de todos e sempre presente nas situações familiares. Sara procura o advogado e não conseguem um acerto conciliatório, assim, vão para julgamento com todas as implicações inerentes. Testemunhas, advogados e arguições de ambos os lados. Alexander faz pontuações sobre o sofrimento que Sara havia imposto a Anna, tentando aliviar o sofrimento de Kate. Ela admite esse aspecto, mas tenta atenuar sua atitude argumentando que pensava na filha que estava entre a vida e a morte. Sara, que também era advogada, representa a si nesse processo e o desenrolar é simplesmente dramático. A juíza conversa separadamente com Anna, mas apenas no dia do julgamento é que a irmã delas, Jesse, descontrola-se e provoca a irmã, que acaba confessando toda a trama. Kate, que estava em seu estágio final de vida, havia pedido para Anna não deixar que fizessem nova cirurgia para o transplante de rim. Ela estava pronta para morrer, mas a mãe insistia em acreditar que mais uma cirurgia iria finalmente vencer o câncer, que a consumia há tempos.

É mostrada uma conversa áspera entre Kelly e Sara, em que ela diz que sempre estará ao lado da irmã, mas que ela já estava se transformando em uma verdadeira louca nessa luta insana contra a doença da filha. E que era necessário aceitar que a menina tinha os dias contados. Ela se recusa a ver a realidade dos fatos, e seu martírio não se interrompe diante do que era estampado à sua frente. Uma cena no hospital em que uma religiosa fala com Sara sobre a necessidade de se preparar para a morte da filha é ácida, com total recusa ao que estava sendo ponderado.

Kate diz ao pai que deseja ir à praia. Após consultar o médico, Brian decide levar a filha até a praia. Ao passarem por sua casa para apanharem os apetrechos de praia, encontram com Sara, que fica ensandecida ao ver a filha no carro, e uma briga bastante contundente com Brian ocorre nesse momento. Mas ele está decidido a levar os filhos à praia. Quando estão todos felizes nesse idílio propiciado em última instância por Kate, Sara chega acompanhada por Kelly, e todos se comprazem nesse momento de alegria, um breve hiato de felicidade em meio à tormenta em que se encontravam.

Levam Kate de volta ao hospital, e, depois da visita, quando os familiares retiram-se, ela pede para ficar a sós com a mãe. Mostra-lhe um álbum que havia feito de presente a ela, e nessa mesma noite falece.

Na sequência, o advogado Alexander procura por Anna em sua casa para comunicar-lhe que haviam ganhado a causa. Ela agradece, mas decididamente nada mais havia a fazer.

Anna narra como ficou a vida da família sem Kate, enfatizando que, na data de seu aniversário, todos viajam juntos à praia. Ela diz que esperava que sua irmã fosse homenageada por sua luta, seja como nome de rua, como jurisprudência ou qualquer outra forma, mas constata que ela se foi, e isso mostrava o mistério da morte que ninguém compreendia.

II – Análise cinematográfica e de conteúdo

Um filme que quase esbarra na conceituação de que sua melhor definição é a de que perdemos quase duas preciosas horas de nossa vida com uma película previsível cuja trama visa unicamente a atingir padrões mercadológicos. Mesmo assim, e pelo princípio de que em qualquer filme, seja ele uma obra de arte, ou mesmo uma produção considerada sem qualidade aceitável, sempre existe algo de bom e interessante para ser extraído, *Uma prova de amor* minimamente nos mostra alguns pontos de reflexão e emoção.

Uma prova de amor começa insuportavelmente adocicado, com pretensões meramente mercadológicas, e assim permanece até o fim. Bandeirinhas estadunidenses são mostradas à exaustão como que a demonstrar o ufanismo de seu diretor ao seu país. O filme, em toda a sua totalidade, parece ter o afã de nos mostrar o chamado *american way of life*, e situa Los Angeles como o palco dessa trama. Tudo é mostrado tentando estabelecer uma grandiosidade, cuja compreensão não se alcança. A impressão que se tem é que o diretor e seu *staff* cuidaram para que cada cena pudesse provocar emoção ao espectador. Todos os momentos apresentam cenas estudadas para provocar lágrimas, seja no romance de Kate com Taylor, seja na consulta de Anna ao advogado, seja ainda em qualquer outra situação apresentada.

A fotografia e a montagem igualmente seguem padrões comerciais, tanto na exibição do que é essencialmente básico, como na contenção de recursos mais detalhistas de arte. A música é permeada por baladas estadunidenses da pior qualidade, com letras igualmente melodramáticas.

O viés mercadológico desse filme é tão evidente que a própria lição e reflexão que poderia ser empreitada se perdem e se diluem diante do melodrama que temos diante de nós. A doença de Kate, que deveria ser o mote maior a imprimir configurações ao filme, praticamente fica em segundo plano diante das tramas paralelas que se sucedem. O julgamento de Anna consome tempo exaustivo em que tudo se mostra totalmente obnubilado, pois o simples fato de uma menina de apenas onze anos de idade estar processando a mãe pelo direito de não ter de doar o rim é simplesmente inusitado. Verdadeiramente, as situações em que Kate mostra-se resignada diante da morte, aceitando-a plenamente como parte de um processo que está prestes a findar, praticamente são detalhes que se perdem diante de tantas coisas que se misturam na trama.

Um filme que poderia ser referência na discussão sobre câncer infantojuvenil perde-se na precariedade pela qual a trama foi conduzida. Na medida em que esse filme, ao contrário de *Invasões bárbaras*, sempre está presente nas listas de sugestões de filmes que abordam a temática do câncer, a situação decididamente se complica.

A maneira como Kate aceita a morte, aceitação de algo que se mostra irreversível, é praticamente deixada em plano tão secundário que praticamente passa despercebida para a maioria dos espectadores. Seu definhamento físico, acompanhado de uma fadiga emocional, poderia ter sido utilizado de maneira a enfeixar discussões sobre o significado da vida diante dessa iminência da morte. Mas, com tantos fatos paralelos que nos direcionam para fora da realidade de Kate, praticamente sua doença fica apenas e tão somente como fundo para outras ocorrências presentes no filme. Talvez isso tudo evidencie as pontuações aqui descritas e que sirvam ao menos como alerta de atenção para os que desejam se debruçar sobre ele para análise e reflexão.

É uma perda muito grande que um tema tão fascinante, como a resignação diante da irreversibilidade da morte, tenha sido relegado a um papel tão secundário. Indiscutivelmente seria extremamente interessante uma reflexão pormenorizada sobre isso. Afinal, o acervo cinematográfico pouco apresenta sobre esse tema. E assim se perdeu uma oportunidade de discussão sobre uma temática tão séria e tão atual. Isso em razão dos diferentes interesses que foram colocados na trama e que se antagonizaram de maneira irreversível.

FILME – O RUÍDO DO GELO

Título original: Les Bruit Des Glaçon
Direção: Bertrand Blier
Fotografia: François Catonné
Montagem: Marion Monestier
Direção de arte: Patrick Dutortre
Música: Valerrie Lindon
Distribuição: Universal Filmes
Ano de lançamento: 2013
Elenco principal: Jean Dujardin, Albert Dupontel, Anne Aluaro, Myrian Boyer

I – Descrição da trama

A trama ocorre na cidade de Nimes, no Sul da França. Charles vive em uma mansão com a empregada Sofia. Ele é alcoolista e toma diariamente inúmeras garrafas de vinho branco, que estão sempre enfiadas em um balde gelo, daí inclusive o título do filme.

Em dado momento, tocam sua campainha e, quando atende e pergunta quem é, o visitante dá a informação estonteante: "Eu sou seu *Câncer* e creio que seria bom nos conhecermos melhor". De início, Charles fica estupefato com a informação, mas aos poucos se dá conta de que isso é realidade, aquele homem é realmente seu câncer.

O diálogo de ambos de início é ácido, mas aos poucos Charles aceita aquela figura indesejável ao seu lado. O *Câncer* lhe diz que não é visto pela maioria das pessoas, apenas pelo paciente e por aqueles que o amam muito. Sofia consegue visualizar o *Câncer*, coisa que a namoradinha ocasional de Charles, Eugenia, não consegue. Sofia começa também a conviver com o *Câncer*, e aos poucos vai mostrando a Charles que o amava muito, apesar de se achar insolente por esse amor. Charles dialoga com o *Câncer* e conclui que é melhor pedir para Eugenia ir embora para tentar algo com Sofia. Essa vai embora e se despede afetuosamente de todos.

Sofia também conhece uma mulher que chega a sua casa e também se identifica como sendo o seu *Câncer*. Diz que inicialmente se instalou em seu seio, mas que aos poucos irá tomar todo seu corpo.

É mostrada uma cena em que Charles relembra o momento em que sua esposa deixou-o, alguns anos atrás, juntamente com seu filho, Stanislav.

Charles conta ao *Câncer* que, desde que sua esposa o havia deixado, não consegue mais escrever, e de que não adiantava continuar vivendo. Por essa razão bebia tanto, precisava estar sempre bêbado para estar atordoado e não sentir as vicissitudes da vida. Cenas são exibidas com Charles sofrendo dores de cabeça lancinantes, com o delírio de alegria do *Câncer*. Esse diz o tempo todo que é invencível, que destrói todas as células saudáveis e que resiste a todos os tipos de tratamento, seja quimioterapia, radioterapia ou qualquer outro.

Concomitantemente, são exibidas cenas em que Sofia igualmente conversa com seu *Câncer*, e o mesmo discurso de destrutividade permeia os diálogos. Diante do agravamento do estado de saúde de Charles, sua ex-mulher traz seu filho para passar alguns dias com ele. Ela prefere ficar em um hotel, pois sente algo muito estranho acontecendo na casa. Stanislav não consegue dormir na noite e vai até o quarto de Sofia, e os depois tem relacionamento afetivo sexual. Na manhã, ele conta ao pai sobre a sensação extrema de felicidade que estava sentindo depois dessa noite de amor, e pergunta ao pai se ele estava com ciúmes. Ele diz que não sente ciúmes e que estava muito feliz com a felicidade do filho. A mãe vem buscá-lo e ele se despede do pai, desejando que o pai não morra.

Charles e Sofia começam a se relacionar amorosamente e, em certo momento, vão a um restaurante, e Sofia derruba propositalmente objetos pessoais, como forma de fornecer a dois jovens informações sobre seu endereço e uma escultura de Rodin que Charles possuía. Os jovens vão até a residência na noite e trocam tiros com Charles, e tanto esse como Sofia quedam com ferimentos. Nesse momento, tanto o *Câncer* de Charles como o *Câncer* de Sofia saem em disparada, dizendo que suas missões estavam terminadas. Na sequência, Charles e Sofia levantam-se, retiram do corpo os ferimentos artificiais e riem. Em seguida, vendem a casa e saem em viagem em uma suntuosa embarcação. Esse final surpreende, pois o diretor Blier deixa-nos uma incógnita, se eles realmente morreram e se livraram do *Câncer*, ou se então se libertaram por terem encontrado sentido para suas vidas.

II – Análise cinematográfica e de conteúdo

Temos um filme que, se não pode ser considerado magnífico em termos meramente artísticos, certamente é imperdível pela riqueza dos detalhes, envolvendo a presença do câncer na vida humana. Diríamos até que se trata de filme imprescindível a todos que direta ou indiretamente lidam com o câncer, tanto profissionalmente como pelo contato com a doença em familiares ou amigos. Um filme cuja grandiosidade dá-se pela maneira criativa como Blier mostrou-nos o câncer. Algo tão surpreendente e ao mesmo tempo fascinante, que nos deixa atônitos e estarrecidos com o desenvolvimento da doença sendo anunciado pelo câncer travestido na forma humana.

Esse filme passa ao longe de qualquer conotação mercadológica e, por essa razão, apenas foi exibido durante a XXXV Mostra Internacional de Cinema de São Paulo, não tendo sequer entrado no circuito comercial, ainda que apenas nas salas destinadas à exibição de filmes de arte.

Os que buscam ação, aventura ou outra forma de entretenimento em filmes, seguramente não irão gostar dessa trama. Ao contrário, todos aqueles que estão interessados em se aprofundar nos detalhamentos da condição humana têm nessa trama uma verdadeira obra-prima a exibir os contornos do sofrimento humano em uma de suas facetas mais desesperadoras, a luta contra o câncer.

Um filme raro cuja preciosidade artística é justamente mostrar o requinte da arte nos detalhes enfeixados na destrutividade promovida pelo câncer. A criatividade da trama é tão eloquente e envolvente que qualquer outro detalhe que se queira arrolar sobre critérios artísticos perdem a razão de ser. O insólito do câncer argumentando com o próprio paciente é algo por demais estrondoso. Na medida em que está a mostrar os passos da destruição em diálogos e sequências ácidas, qualquer outro balizamento a exigir recursos técnicos mais apurados perde-se no vazio.

Outra coisa igualmente surpreendente, e que se depreende desse filme, é o modo como o câncer deixa de ser uma personagem com a qual o paciente dialoga para ambos se tornarem um único e indivisível ser. Não existe mais separação entre a doença e o paciente, e aquilo que existia como apêndice do paciente torna-se ele mesmo, em situações surpreendentes tanto pela maneira de sua ocorrência como a que é mostrada na trama.

A trilha musical é composta por canções francesas e estadunidenses conhecidas do público sem qualquer outro esmero. Algumas peças de música clássica também são inseridas como fundo melódico de algumas cenas, mas igualmente sem relevância. A música ocupa apenas um papel secundário. Aliás, tudo é secundário, fotografia, montagem, direção artística, enquadre de câmeras, tudo absolutamente é secundário. A grandiosidade desse filme é justamente a justaposição das imagens do câncer com o paciente. A presença do câncer em todos os momentos da vida do paciente seja em suas relações sexuais, refeições, enfim, em tudo o que se quiser arrolar, o câncer está presente, dialogando incessantemente com o paciente. E isso simplesmente faz desse filme algo único, um requinte de detalhamentos que o fazem imprescindível a qualquer discussão envolvendo a temática do câncer e que faça intermediação por filmes. Trata-se de obra indispensável a qualquer filmoteca que tenha como predominância a compreensão da condição humana em filigranas de desespero e dor.

Uma obra em que a condição humana dialoga com sua própria doença, e pode escutar as razões de seu adoecimento, na realidade escuta de si mesmo. O câncer reverbera situações de sofrimento e abandono com a saúde, mas é o paciente, ao tentar argumentar, que dá as verdadeiras razões da causa de seu sofrimento e, por assim dizer, do abandono da vida. Simplesmente fantástico!

SÃO PAULO, MEU AMOR...

Valdemar Augusto Angerami

Para Carlos Beutel,
Uma paixão por São Paulo...
Doido, Doidin, Doidin...

Hoje,
quero falar do verde de São Paulo...
Mas não posso falar da Serra da Cantareira...
A maior reserva florestal urbana do planeta...
Nem do plantio de árvores dos últimos tempos,
Que fizeram dela a metrópole
com os melhores índices verdes do Universo...
Tenho que falar do deserto verde
de seus arredores... Da destruição
ambiental dos canaviais...
Com a justificativa de abastecer automóveis
na idiotia do nosso ufanismo patriota...
Da invasão devastadora dos mananciais
pelos *sem-teto* no desespero de sua exclusão social...

Hoje,
quero falar da arquitetura de São Paulo...
Mas não posso falar da suntuosidade
das construções do centro histórico...
Da imponência arquitetônica de suas linhas...
Nem dos casarios que mostram toda a trajetória
de nossas glórias passadas...
Nem do arrojo de modernidade
dos prédios da Avenida Paulista...
Tenho que falar dos menores
abandonados que se amontoam
pelas nossas ruas e praças...
Meninos e meninas cuja única arquitetura
é a luta pela sobrevivência... Que se entorpecem

cachimbando crack... Que roubam para comer...
Roubam para roubar... E que agora, além do crack,
também usam ácido de baterias automotiva
para diminuir seu sofrimento
interrompendo a vida antes do fim...
Da vergonha que sinto de ver
essa realidade e nada fazer...
Nada diante do vazio absurdo dessa destruição...

Hoje,
Quero falar dos cinemas de rua de São Paulo...
Mas não posso falar do maravilhoso quadrilátero
da Rua Augusta, Av. da Consolação e Av. Paulista...
Da vida que pulsa nas calçadas fervilhantes de pessoas...
Tenho que falar dos cinemas de *shopping centers*...
Cinemas que impõem a realidade estadunidense sem
qualquer escrúpulo... E nos fazem refém de outra realidade...
Do número absurdo de cinemas que exibem o mesmo lixo
hollywoodiano simultaneamente...
E ver nossa cultura cinematográfica simplesmente à míngua...
Sem defesa e piedade...

Hoje,
Quero falar da Fonte dos Desejos no Vale do Anhangabaú...
Uma das mais lindas dessa vida... E das esculturas de seu entorno
que homenageiam a obra operística de Carlos Gomes...
Mas tenho que falar da miséria humana que se aloja em seu entorno...
De pessoas amontoadas sob marquises, e que nada sabem desse esplendor...
Pessoas que atônitas tentam sobreviver diante do descaso geral...
A mais bela fonte do mundo, e sem a pompa que lhe é devida...

Hoje,
quero falar da música de São Paulo...
Mas não posso falar da música de Zequinha de Abreu
que atravessou continente mostrando toda a nossa riqueza melódica...
Também não posso falar de Amaral Vieira,

um dos maiores compositores eruditos da atualidade...
Nossa maior distinção na música sacra de todos os tempos...
Nem Camargo Guarnieri, figura das mais
expressivas no cenário mundial...
Tenho que falar do lixo pagodeiro
que assolou o país de norte a sul...
E que faz com que os incautos julguem
que essa é a nossa música...
Tenho também que falar da
moderna música sertaneja
cuja mediocridade assolapou a
verdadeira com suas violas e cantorias...
E igualmente querem nos fazer crer
que é a nossa música autêntica...

Hoje,
vou falar da política em São Paulo...
Mas não posso falar do
movimento constitucionalista,
quando muitos conterrâneos empunharam
armas para lutar pela legalidade democrática...
Tenho que falar da vergonha de
ser associado a presidentes que,
embora umbilicalmente ligados a São Paulo,
são nascidos noutros chãos...
Desse descalabro governamental
que manchou as nossas honras e tradições...
Tenho que falar também que ser paulista,
verdadeiramente, é se posicionar de maneira contrária a
toda sorte de desvarios representados contra
a nossa dignidade e cidadania...

Hoje,
quero falar das artes de São Paulo...
Mas não posso falar da
exuberância de nosso acervo sacro...
Nem da imponência dos nossos museus...

Tampouco das telas de Tarsila do Amaral
que encantam a todos...
Do esplendor de suas cores
e a magnitude de suas formas...
Ou mesmo do arrojo das obras de Rubens Matuck
Guilherme Kramer e Evandro Angerami...
Tenho que falar das pichações
que destroem o nosso cenário e que poluem tudo
de maneira irreversível...
Pichações que tingem de cinza
a nossa cidade e fazem de seu sofrimento
algo ainda mais sofrido...

Hoje,
quero falar do futebol de São Paulo...
Mas não posso falar da
nação corintiana alegrando
os estádios com sua euforia e empolgação...
nem da aristocracia são-paulina
que até mesmo nas grandes comemorações
mantém uma fleuma extremamente requintada...
nem da academia alviverde
com todo o seu charme e elegância...
Tenho que falar das torcidas
organizadas com toda a sua fúria e violência...
Torcidas que tornaram uma simples
partida de futebol verdadeiro campo de batalha medieval...
Cenários da maior degradação...
Torcidas que fizeram do
ato de ir a um estádio de futebol
algo de extrema destrutividade...

Hoje,
quero falar das riquezas hídricas de São Paulo...
Mas não posso falar da Guarapiranga,
com suas praias recebendo milhares
de pessoas e embarcações

nos dias de Sol... Simplesmente
a maior represa existente dentro de uma cidade...
Também não posso falar dos mananciais
da Serra da Cantareira, que abastecem São Paulo e arredores...
Tenho que falar da sujeira do rio Tietê...
Um grande esgoto que corre a céu aberto...
Uma verdadeira bosta...
Infestando e maculando
a cidade em todas as direções...
De seus afluentes que
enlameiam as cidades nas
enchentes do período
das chuvas...
Lama... Lama...
E mais lama...

Hoje,
quero falar das ferrovias paulistas...
Mas não posso falar da
Estação da Luz, cujos traços
arquitetônicos são referências
até mesmo além-mar...
Nem da nossa malha ferroviária
com todo o encanto paisagístico
de nossos arredores... Tenho que
falar do abandono de nossos
trens que carregam em seus vagões
diariamente milhares de pessoas que já perderam
o direito de uma vida com
dignidade... E até mesmo de
um transporte decente... Das mortes ocorridas
pela simples falta de manutenção...
Mortes... Mortes...
E mais mortes...

Hoje,
quero falar das indústrias de São Paulo...

Mas não posso falar do nosso parque industrial...
O maior de toda a América Latina...
Tampouco da pujança do nosso polo comercial...
Tenho que falar dos milhares de
desempregados que perambulam
pela cidade e pelos arredores em busca de esperança...
Das empresas asfixiadas pelo neoliberalismo
e que estão sendo lançadas às raias das
Falências e concordatas...
Desespero... Desespero... E desilusões...

Hoje,
quero falar dos pacifistas de São Paulo...
Mas não posso falar do nosso eterno
cardeal, D. Evaristo Arns, e sua luta
em prol da dignidade e da justeza...
Tampouco dos escritos de Frei Beto,
clamando por uma sociedade
mais justa e fraterna...
Tenho que falar da violência que
se espraia ao longo de nossos bairros...
E que fez de todos vítimas e algozes dessa desigualdade
social que enlameia não apenas São Paulo,
mas todo o Brasil... Dos sequestros
que nos tornaram reféns da nossa indiferença
diante do sofrimento alheio...
Medo... Medo... E desesperança...

Hoje,
quero falar do folclore de São Paulo...
Mas não posso falar das congadas...
Da festa do Divino, das ruas cobertas de flores
para a procissão de Corpus Christi...
Nem das festas juninas...
Tenho que falar de uma grande
festa dos arredores: a do peão boiadeiro...
(uma imitação esculhambada da diversão dos *cowboys* texanos...)

Tenho ainda que falar da americanização dos
nossos jovens exibindo tênis e blusas
importadas... Cujo grande anseio de vida
é conhecer New York... Do massacre das nossas tradições
diante das pasteurizações importadas...
de nossa falta de identidade cultural...
E que o Halloween, uma das festas estadunidenses mais tradicionais,
já faz parte da nossa agenda cultural...

Hoje,
quero falar dos grandes homens de São Paulo...
Mas não posso falar dos nossos
cafeicultores desbravando fronteiras
de exportação ainda no século XIX...
Nem da vanguarda modernista
de Mário de Andrade... Nem do arrojo arquitetônico
de Ramos de Azevedo...
Tenho que lamentar que somos governados
por pessoas da pior corja da nossa estirpe política...
E dos gritos de desespero nas sessões
de tortura nos porões da ditadura...
Do aumento do índice de morte
de civis pela polícia militar...
Do aumento da criminalidade...
E da total falta de perspectiva
dos mais jovens...

Hoje,
quero falar do sistema de saúde de São Paulo...
Mas não posso falar do
nosso Hospital das Clínicas...
Vanguarda na pesquisa e no ensino médico...
Nem de seu conjunto de hospitais...
Maior complexo hospitalar da América Latina...
Nem de sua proeminência acadêmico-cultural...
Tenho que falar dos pacientes que morrem sem assistência...
Sem nenhum tipo de atendimento,

em nossas ruas e bairros...
Das favelas sem condições
mínimas de saneamento básico...

Hoje,
quero falar de São Paulo cosmopolita...
Mas não posso falar da metrópole que
acolheu imigrantes de todas as
partes do mundo... E que fizeram de
São Paulo um esplendor cultural...
Tenho que falar do preconceito
de nossas elites, principalmente
com os nossos irmãos nordestinos...
Que mesmo tendo contribuído
com suor de seus rostos para
o nosso progresso e desenvolvimento,
são humilhados e açoitados em
plena via pública... E do desprezo
aos tantos excluídos do nosso
tecido social.

São Paulo,
de tanta beleza...
Tanta dor... Sofrimento e desencanto...
Da esperança do trem que chega na Estação
da Luz... E do ranger de dentes
nos porões de tortura... Pela
destruição de nossos governantes...
Pela insensatez da nossa gente...
Pela sua generosidade que a todos acolhe...
Combalida... Ferida... Destruída...
Embrutecida... Ensandecida... Entristecida...

São Paulo,
Amamos-te e te destruímos...
Queremos-te linda ao mesmo
tempo em que enlameamos...

Te queremos azul e jogamos
o cinza dos nossos rancores e dissabores
no teu céu desprotegido...
Coração aberto para a
América Latina... para o
amanhecer de uma nova
esperança... No sonho de
que algum dia sua gente
viva numa sociedade sem
miséria... desigualdade social
e numa justeza fraterna...
Em que suas crianças,
em vez de perambularem pelas
ruas cheirando cola e
fumando crack, cresçam
num jardim de luz, esperança
e cor...

Serra da Cantareira, numa manhã de verão

CONSIDERAÇÕES COMPLEMENTARES

O cinema parece-se muito com o circo. É provável que se o cinema não tivesse existido, se eu não tivesse encontrado Rosselini, e se o circo fosse ainda um gênero de espetáculo de certa atualidade, eu gostaria de ser diretor de um grande circo, pois o circo é exatamente uma mistura de técnica, de precisão e improvisação.[158]

(Federico Fellini)

Este livro foi iniciado com as colocações de seu total distanciamento de pretensões acadêmicas. Mas certamente deve ter despertado uma paixão inusitada em tantos apreciadores da magia do cinema e que se encontram nesse limite tênue com a cinefilia. Isso é o mais fascinante, poder despertar detalhamentos que impliquem buscar ainda mais pormenores nesse universo de magia do cinema. Partilhar dessa paixão foi algo que verdadeiramente me foi muito fascinante. E se as colocações aqui exibidas encontrarem terreno fértil para desenvolver novas paixões, certamente que tudo se configurou em êxito. O passeio pelo universo do cinema sempre é algo a nos deixar encantados com a própria condição humana. Admiração de ver a superação de tantos desatinos para a efetivação de uma obra tornar-se realidade. A maneira como um filme toca-nos e passa a fazer parte de modo indissolúvel de nossas vidas é algo que sempre irá nos desafiar no tocante à própria compreensão da alma humana.

Este livro será o início de uma trajetória para muitos leitores. Certamente também o despertar de uma nova consciência sobre a abrangência da cinematografia em nossa subjetivação. Isso é o dado mais interessante, pois esse desdobramento sempre estará se renovando de modo interminável. Da mesma forma que somos atirados a um turbilhão de emoções

[158] *Fellini por Fellini, op. cit.*

quando nos envolvemos em uma trama cinematográfica, este livro também será determinante para que novos paradigmas estabeleçam-se diante da apreciação de um filme.

Se podemos falar na busca de searas da subjetivação através da imersão em uma trama cinematográfica, igualmente é verdadeiro que a transformação vivida em nossa realidade subjetiva transpassa o próprio horizonte acenado pelo filme. E temos então algo que passa a ser incorporado em nossa vida, ainda que muitas vezes não tenhamos claro o modo como isso nos envolveu e nos tornou reféns dessa emoção irrebatível. A impressão que se tem é que, diante de uma obra cinematográfica, sejamos envolvidos sem que tenhamos condição de determinar com precisão o detalhamento dessa captura emocional. Essa captação, longe de ser abrupta e intempestiva, embora isso em alguns momentos possa ocorrer, é algo subliminar e nos envolve lenta e suavemente para mistérios e horizontes nunca dantes vividos.

O cinema também é um foco de resistência à derrocada cultural imposta pelo imediatismo contemporâneo. Obras retratando situações de um passado distante sempre o tornam presente a tantos que se debruçarem sobre a trama cinematográfica que retrate esse episódio. A certeza de que este livro contribui de maneira significativa a tantos que buscam subsídios para um aprofundamento na compreensão dos meandros da subjetivação, envolvendo a produção de um filme, certamente o torna muito especial e prazerosamente envolvente.

A luz da tela se apaga. O filme terminou. As luzes da plateia se acendem. Os espectadores lentamente se levantam ainda impactados pela trama exibida, e se dirigem à saída. Alguns irão direto para suas casas sem qualquer parada; outros irão a um café próximo para acabar de degustar a trama, conversando sobre ela com seus acompanhantes; outros irão jantar para igualmente saborear ainda por mais tempo o que foi vivido através do filme.

FIM

REFERÊNCIAS BIBLIOGRÁFICAS

AMOROSO, M. B. *Píer Paolo Pasolini*. São Paulo: Cosac & Naif, 2002.

ANGERAMI, P. L. O cinema na educação. *Perspectivas filosóficas a partir de John Dewey*. Curitiba: Prismas, 2017.

ANGERAMI, V. A. A compreensão da saúde a partir da exibição de filmes. In: ANGERAMI, V. A. (Org.). *Psicologia da saúde*. São Paulo: Cengage Learning, 2010.

ANGERAMI, V. A. A compreensão infantil a partir de filmes. In: ANGERAMI, V. A. (Org.). *O atendimento infantil na ótica fenomenológico existencial*. São Paulo: Cengage Learning, 2013.

ANGERAMI, V. A. À noite sonhamos. In: ANGERAMI, V. A. *Psicoterapia e brasilidade*. São Paulo: Cortez Editora, 2011.

ANGERAMI, V. A. *As relações de amor em psicoterapia*. Belo Horizonte: Artesã, 2017.

ANGERAMI, V. A. *Psicoterapia e subjetivação*. São Paulo: Cengage Learning, 2004.

ANGERAMI, V. A. Refletindo o câncer por intermédio de filmes. In: ANGERAMI, V. A.; GASPAR, K.C. (Org.). *O câncer diante da psicologia*. São Paulo: Pearson Learning, 2016.

ANGERAMI, V. A. *Solidão*. A ausência do outro. Belo Horizonte: Artesã, 2017.

ANGERAMI, V. A. A psiquiatria sob Sartre. Uma psiquiatria humana. In: *Psicoterapia fenomenológico-existencial*. Belo Horizonte: Artesã, 2017.

ANGERAMI, V. A. Pacientes terminais: um breve esboço. In: ANGERAMI, V. A. *Psicologia hospitalar*. Teoria e prática. São Paulo: Cengage Learning, 2017.

BERGMAN, I. *Cena de casamento*. Rio de Janeiro: Nórdica, 1979.

CHARNEY, L.; SCHWARTZ, V. *Cinema e a invenção da modernidade*. São Paulo: Cosac & Naif, 2005.

FELLINI, F. *Fellini por Fellini*. Porto Alegre: L&PM, 1993.

MERLEAU-PONTY, M. *Fenomenologia da percepção*. São Paulo: Martins Fontes, 1999.

MERLEAU-PONTY, M. *O olho e o espírito*. São Paulo: Cosac & Naif, 2006.

STRAUS, F. *Conversando com Almodóvar*. Rio de Janeiro: Zahar Editores, 2008.

WIEGAND, W. *Fellini, mestre de cerimônia de sonhos*. Lisboa: Taschen Editor, 2003.

REFERÊNCIAS CINEMATOGRÁFICAS

ALMODÓVAR, P. *A pele que habito*. São Paulo: Paris Filmes, 2014.

ALMODÓVAR, P. *Carne trêmula*. São Paulo: Fox Filme, 2010.

ALMODÓVAR, P. *Fale com ela*. São Paulo: Fox Filmes, 2009.

ALMODÓVAR, P. *Tudo sobre minha mãe*. São Paulo: Fox Filmes, 2008.

BELLOCCHIO, M. *Diabo no corpo*. São Paulo: Paramago Multimídia, 2009.

BELLOCCHIO, M. *Vincere*. São Paulo: Imovision, 2014.

BERGMAN, I. *Cenas de casamento*. São Paulo: DVD Versátil, 2005.

BERGMAN, I. *Fanny e Alexander*. São Paulo: Europa Filmes, 2012.

BERGMAN, I. *Gritos e sussurros*. São Paulo: Continental Filmes, 2005.

BERGMAN, I. *O ovo da serpente*. São Paulo: DVD Versátil, 2010.

BERGMAN, I. *O sétimo selo*. São Paulo: DVD Versátil, 2003.

BERGMAN, I. *Sorrisos de uma noite de amor*. São Paulo: DVD Versátil, 2006.

BLIER, B. *O ruído do gelo*. São Paulo: Universal Filmes, 2013.

CASSAVETS, N. *Uma prova de amor*. São Paulo: Play Arte, 2014.

CHAPLIN, C. *O circo*. São Paulo: DVD Versátil, 2014.

CHAPLIN, C. *Tempos modernos*. São Paulo: DVD Versátil, 2014.

COPPOLA, F. F. *O poderoso chefão*. São Paulo: Universal Filmes, 2014.

COSTA-GRAVAS, *Z*. São Paulo: DVD Versátil, 2010.

COSTA-GRAVAS. *Estado de sítio*. São Paulo: Europa Filmes, 2008.

CURTZ, M. *As Aventuras de Robin Hood*. São Paulo: Warner Bross, 2006.

CURTZ, M. *Casablanca*. São Paulo: Warner Bross, 2006.

DALDRY, S. *As horas*. São Paulo: Imagem Filmes, 2008.

DISNEY, W. *Fantasia*. São Paulo: Disney Produções, 2008.

DUFAUX, G, *Invasões bárbaras*. São Paulo: Europa Filmes, 2010.

FASSBINDER, R, *Roleta chinesa*. São Paulo: Lumes Filmes, 2012.

FASSBINDER, R. *A terceira geração*. São Paulo: Lume Filmes, 2012.

FASSBINDER, R. *As lágrimas amargas de Petra Von Kant*. São Paulo: Cult Classic, 2012.

FASSBINDER, R. *Lili Marlene*. São Paulo: DVD Versátil, 2008.

FASSBINDER, R. *Lola*. São Paulo: DVD Versátil, 2008.

FASSBINDER, R. *O desespero de Veronika Voss*. São Paulo: DVD Versátil, 2014.

FELLINI, F. *Cidade das mulheres*. São Paulo: DVD Versátil, 2004.

FELLINI, F. *Fellini 8 ½*. São Paulo: DVD Versátil, 2005.

FELLINI, F. *Noites de Cabíria*. São Paulo: DVD Versátil, 2003.

FESSER, J, *Caminho de Luz*. São Paulo: Paris Filmes, 2012.

FORD, J. *Como era verde meu vale*. São Paulo: Fox Vídeo Brasil, 2007.

FORD, J. *Rastros de ódio*. São Paulo: Warner Bross, 2008.

IÑÀRRITU, A.G *Biutiful*. São Paulo: Paris Filmes, 2014.

JAFF, C. *Sylvia*. São Paulo: Paris Filmes, 2013.

KOUNEN, J. *Coco Chanel e Igor Stravinscky*. São Paulo:

KUBRICK, S. *Laranja mecânica*. São Paulo: Warner Bross, 2006.

KUROSAWA, A, *Dersu Urzala*. São Paulo: Home Vídeo, 2006.

KUROSAWA, A. *Sonhos*. São Paulo: Warner Bross, 2006;

LEAN, D. *A ponte do Rio Kwai*. São Paulo: Warner Bross, 2002.

NYRERÖD, M, *A ilha de Bergman*. São Paulo: DVD Versátil, 2014.

O'CONNOR, P. *Doce novembro*. São Paulo: Warner Bross, 2013.

PADILHA, J, *Tropa de elite*. São Paulo: Imagem Filme, 2014.

SCORSESE, M. *A ilha do medo*. São Paulo: Paramount Brasil, 2014.

SCORSESE, M. *Cassino*. São Paulo: Europa Filmes, 2014.

SCORSESE, M., *Touro indomável*. São Paulo: Fox Vídeo Brasil, 2006.

SPIELBERG, S. *ET – O extraterrestre*. São Paulo:

TORNATORE, G. *Baaria – a porta do vento*. São Paulo: Miramax Films, 2014.

TORNATORE, G. *Camorra*. Roma: Titanus, 2000.

TORNATORE, G. *Cinema Paradiso*. São Paulo: DVD Versátil, 2003.

VIANA, Z. *Villa-Lobos, uma vida de paixão*. São Paulo: DVD Versátil, 2002.

VISCONTI, L. *Morte em Veneza*. São Paulo: DVD Versátil, 2004.

WENDERS, W. *Asas do desejo*. São Paulo: Europa Filmes, 2009.

WENDERS, W. *Buena Vista Social Clube*. São Paulo: Spectra Nova, 2010.

WENDERS, W. *Paris Texas*. São Paulo: Europa Filmes, 2009.

POSFÁCIO

Odeio escrever... e muitos me indagarão, "como isso é possível com tantos escritos e livros?!" E simplesmente responderei: "É um dos meus instrumentos na luta contra a brutal desigualdade social que açoita violentamente os combalidos e humilhados." E o prazer de outras atividades sucumbe diante dessa trincheira da escrita.

Este livro foi composto com tipografia Bembo
e impresso em papel Offset 90g. na Gráfica Del Rey.